Martin Kramer

Mathematik als Abenteuer

Denken, staunen, experimentieren
in der Grundschule

Klett | Kallmeyer

Bibliografische Information der Deutschen Nationalbibliothek
Die Deutsche Nationalbibliothek verzeichnet diese Publikation in der Deutschen Nationalbibliografie;
detaillierte bibliografische Daten sind im Internet über http://dnb.d-nb.de abrufbar.

Impressum

Martin Kramer
Mathematik als Abenteuer
Denken, staunen, experimentieren in der Grundschule

1. Auflage 2019

Redaktion: Anna Gemke, Seelze
Fotos: Martin Kramer, Tübingen
Realisation: Matthias Schiller
Druck: GCC Grafisches Centrum Cuno GmbH & Co. KG, Calbe
Printed in Germany

ISBN 978-3-7727-1300-2

Martin Kramer

Mathematik als Abenteuer

Denken, staunen, experimentieren
in der Grundschule

Für meinen Sohn Jim Tarem Krischan Kramer

Klett | Kallmeyer

Einleitung: Mathematik zwischen Didaktik und Pädagogik

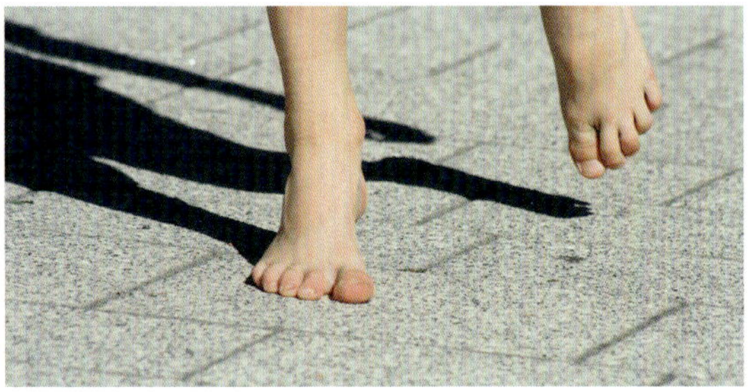

»Nicht auf den Linien laufen!«

Mein Sohn (acht Jahre) und ich hüpfen gemeinsam durch die Straßen. Zwischen den einzelnen Bodenplatten ist eine Nut, das sind die Linien. Geteerte Wege sind langweilig, dort gibt es keine Einschränkungen, es ist zu einfach.

Szenenwechsel. Ich bin mit Oberstufenschülern in Griechenland. Anderer Ort, anderes Alter. Vor mir hüpft ein Siebzehnjähriger mit dem Ziel, keine Linien zu berühren. Warum ich mitmache, weiß ich nicht, vielleicht, weil ich zuvor mit meinem Jungen gehüpft bin. Ich frage den Oberstufenschüler, warum er hüpfend den Linien ausweicht, und bekomme postwendend die Antwort: »Kinder suchen eben Strukturen.«

Kinder sind auf der Suche nach Strukturen. Einfach so, nicht weil man sie dazu zwingt. »Nicht auf den Linien laufen!« Damit beginnt Mathematik. Die Sehnsucht nach Struktur ist im Menschen begründet. Fast alle Kinder machen diese Spiele. Und wenn ich mich in komplexen mathematischen Räumen bewege und mit Papier und Bleistift Ideen auf ein Stück Papier kritzele, mache ich nichts anderes: Ich suche und forsche nach Strukturen. Jeder kennt das belohnende Gefühl, wenn das letzte Puzzleteil gefunden, wenn der letzte Mosaikstein gelegt worden ist. Wir wollen die Dinge einordnen. Es ist die Freude an der Vollständigkeit und der geschaffenen Ordnung. Mathematik ist die Lehre von Strukturen. Sie lehrt die reine Form ohne Inhalt, sie untersucht und findet Zusammenhänge, sie streift alles Konkrete ab und bricht auf in eine Welt des Denkens. So wird Mathematik zu einer Hymne an die menschliche Abstraktion.

Zu diesem Buch

Die Suche nach Struktur hat neben der didaktischen Qualität noch eine pädagogische. Auch in diesem Sinne sucht das Kind nach Strukturen. Es sucht nach einem Ordnungssystem und somit nach Regeln. Nicht auf den Linien zu laufen ist langweilig, wenn es keine Linien gibt. Absolute Freiheit, Freiheit ohne Grenzen also, ist langweilig, weil solche Freiheit etwas grundlegend Menschliches nicht bedient: sich selbst in einer umgebenden Struktur einzuordnen.

Es gilt das Paradoxon des Spiels: Erst die strenge Einhaltung von Regeln ermöglicht das Spiel. So ist die Voraussetzung bei allen Übungen in diesem Buch ein klarer Rahmen. Ohne diese Klarheit wird es schwierig für die Kinder, Freude zu erfahren. Mich befremdet es, dass in der gegenwärtigen Werbung die absolute Freiheit oft als hohes Ideal angesehen wird. Mitunter ist es einfacher, wenn man nicht zwischen einhundertdreiundvierzig Telefonanbietern mit fünfhundertachtundneunzig Tarifen wählen muss. Führen Sie ruhig klare Regeln ein.

Dieses Buch ermöglicht einen praxisnahen Zugang zu einem professionellen handlungs- und erlebnispädagogischen Unterricht, der mathematische Strukturen erlebend vermittelt. Natürlich kann man mit Mathematik auch rechnen, aber es wäre falsch, Mathematik darauf zu reduzieren. Degradiert man die Mathematik zur bloßen Berechnung von Dingen, wird es schnell langweilig. Bestimmt trägt die Art und Weise, wie Mathematik häufig in der Schule dargeboten wird, dazu bei, dass sie von vielen Kindern als langweilig, staubig und wenig originell wahrgenommen wird. Das reine Rechnen ist nicht kreativ, das Kind kann sich hier nicht verwirklichen.

Wenn wir Mathematik als eine Ideenlehre begreifen, dann bringt die innewohnende Abstraktion Freude. Mathematik ist damit etwas zutiefst Menschliches und etwas ganz Natürliches.

Auch wenn zentrale mathematische Themen im Mittelpunkt des Buches stehen – es geht zugleich darum, (theater-)pädagogische Prinzipien für den Unterricht fruchtbar zu machen. An einigen Stellen habe ich deshalb exemplarisch didaktische und pädagogische Hintergründe aufgezeigt. Der Leser, der rein an der direkten Umsetzung der vorgestellten Methoden interessiert ist, kann diese Stellen bei der ersten Lektüre übergehen. Ich selbst habe zuerst sehr viel experimentiert und mir erst später Gedanken darüber gemacht, warum die einen Methoden den Schülern Freude bereiten, andere hingegen nicht. Das Interesse an Rollenverständnis, Fachdidaktik, Theaterpädagogik, Neurodidaktik, Psychologie und an gruppendynamischen Prozessen hat sich bei mir erst nach und nach eingestellt – dann aber meinen Unterricht sehr befruchtet.

Last but not least: Dieses Buch möchte keine Vorschriften über »guten« Unterricht geben. Natürlich gibt es den guten Unterricht nicht. Es geht um die Schnittstelle zwischen Methode und Lehrerpersönlichkeit. Jeder wird nur das gut umsetzen können, was zu ihm passt. Fassen Sie dieses Buch als Möglichkeitsraum auf, wie man Mathematik erlebnisorientiert im Unterricht umsetzen kann. Je mehr Sie die dargestellten Methoden für sich selbst anpassen, desto besser. Ich wünsche Ihnen und Ihren Schülern viel Freude mit dem Abenteuer Mathematik.

Dank

Es sind stets die Schüler, die mich in meiner Arbeit bestärken. Ihre Begeisterung, ihre Wertschätzung und ihre Bereitschaft, sich auf diesen Zugang zur Mathematik einzulassen, haben dieses Buch entstehen lassen.

Ohne Bilder geht es nicht: Vielen Dank an die über hundert Eltern und Schüler der Französischen Schule und der Dorfackerschule in Tübingen, die dem Verlag die Druckgenehmigung für die Bilder im Buch gegeben haben.

Patricia Morrissey (Dorfackerschule Tübingen) hatte mich angeregt, nach »Mathematik als Abenteuer« ein entsprechendes Buch für die Grundschule zu schreiben, vielen Dank für die unkomplizierte, experimentelle Zusammenarbeit. Besonderen Dank auch an Eva Schulz, die Klassenlehrerin meines Sohnes, und an Wiebke Albrecht, für das gemeinsame mathematische Forschen im Klassenzimmer. Schließlich möchte ich Jürgen Hauser für seine vielen Anregungen und Ideen beim Durchsprechen des Manuskriptes danken.

Das vorliegende Buch ist eine weitgehend inhaltlich nicht veränderte Ausgabe des im Beltz-Verlag erschienenen Titels *Mit Erbsen und Zahnstochern zur Mathematik*.

Erbsen, Zahnstocher und Seifenblasenflüssigkeit

Objekte bauen

Aus Erbsen und Zahnstochern werden verschiedene Gebilde gebaut, die anschließend in Seifenblasenflüssigkeit eingetaucht werden.

Symmetrisches Empfinden ist eine der ersten mathematischen Begegnungen. Noch bevor die Zahlen entdeckt werden, werden Strukturen erkannt.

Material für 25 Schüler

- 2000 Zahnstocher
- 1 Packung getrocknete, ganze Erbsen
- 2 Fünf-Liter-Eimer
- 200 ml Spülmittel
- 50 ml Glyzerin (aus der Apotheke)

Vorbereitung

Für die Experimente in diesem Kapitel genügt folgendes einfache Rezept zur Herstellung der Seifenblasenflüssigkeit: einen Fünf-Liter-Eimer mit lauwarmem Wasser füllen, etwa 200 ml Spülmittel und 50 ml Glyzerin hinzugeben. Dann *vorsichtig* mischen, Blasen- und Schaumbildung vermeiden.

Die Erbsen werden über Nacht (12 Stunden lang) im Kühlschrank eingeweicht. Die niedrige Temperatur verzögert das Keimen der Erbsen, was diese für Konstruktionen unbrauchbar machen würde.

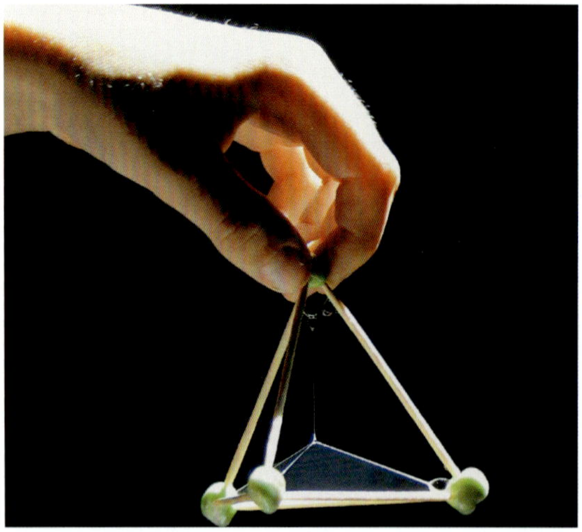

Einführung

Die Kinder schließen die Augen. Wenn es still geworden ist, bekommt jedes Kind eine Erbse in die Hand. Jeder soll für sich herausfinden, was er in den Händen hält. Also nicht reden. Dann wird jedem ein Zahnstocher gereicht. Dieser lässt sich blind viel leichter ertasten. Wie bei den meisten Wahrnehmungsübungen macht jeder die Übung für sich. Natürlich kann geschummelt werden, aber damit hat man nur sich selbst betrogen.

Dann öffnen alle gemeinsam die Augen. Der Spielleiter oder Lehrer zeigt, wie mithilfe der Steckverbindung Erbse–Zahnstocher auch komplexere geometrische Objekte sehr einfach gebaut werden können. Er baut vor den Augen der Kinder zunächst den einfachsten Körper zusammen: Man braucht mindestens vier Erbsen (Ecken) und sechs Zahnstocher (Kanten), um ein räumliches Objekt herzustellen – den Tetraeder. Es bedarf etwas Fingergeschicks: Werden die Zahnstocher zu tief in die Erbsen gebohrt, brechen die Erbsen auseinander.

Ist der Tetraeder fertig, wird er langsam in den Eimer eingetaucht, sodass keine Blasen entstehen. Bevor die Pyramide wieder herausgezogen wird, soll sich jeder überlegen, wie die Seifenhautbespannung aussieht.

Die Natur findet verschiedene Lösungen. Am häufigsten entsteht die links gezeigte.

Taucht man jetzt nur eine Fläche ein weiteres Mal in die Flüssigkeit, entsteht in der Mitte eine kleine, kissenförmig aufgeblasene Pyramide (vgl. S. 22).

Der Bau

Aufgabe ist es, ein Objekt zu bauen, das hinterher auch in den Eimer passt. Anderenfalls lässt es sich nicht eintauchen.

Das Material wird ausgelegt, und jeder kann in den nächsten 45 oder 60 Minuten mithilfe des zweiten, leeren Eimers testen, ob sein Bauwerk eingetaucht werden kann. Natürlich ist es auch möglich, mehrere oder größere Konstruktionen zu bauen.

Es entstehen die unterschiedlichsten Gebilde. Auffallend ist, dass fast nur symmetrische Objekte entstehen, obwohl das keine Vorgabe ist. Das hohe Maß an Konzentration und Kreativität im Raum ist deutlich spürbar.

Vollkommene Symmetrie: Platonische Körper

Der bekannteste Platonische Körper ist der Würfel: Er besitzt sechs gleiche Quadrate, und an jeder Ecke stoßen genau drei Kanten zusammen.

Platonische Körper sind konvex (haben keine Einbuchtung) und bestehen aus gleich geformten, regelmäßigen Vielecken. Regelmäßige Vielecke sind solche, bei denen alle Seiten gleich lang und alle Innenwinkel gleich groß sind. Drittes Merkmal: An jeder Ecke treffen gleich viele Kanten zusammen. Der einfachste platonische Körper ist der Tetraeder, der aus vier gleichseitigen Dreiecken besteht.

Auf dem Bild rechts sind alle Platonischen Körper abgebildet: der Vierflächner (Tetraeder), der Sechsflächner (Würfel), der Achtflächner (Oktaeder), der Zwölfflächner (Dodekaeder) und der Zwanzigflächner (Ikosaeder).

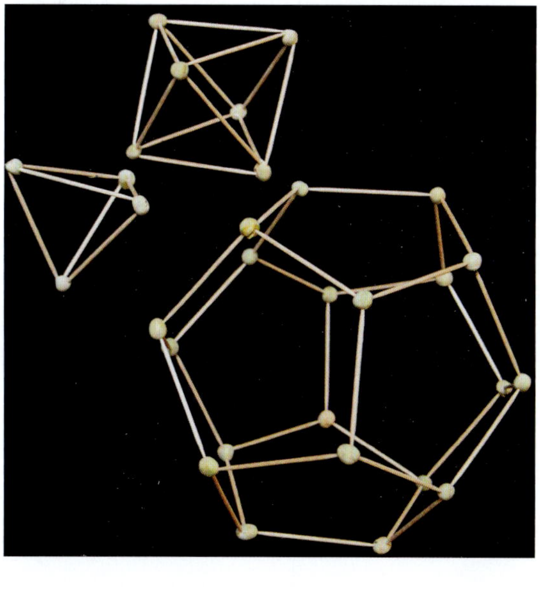

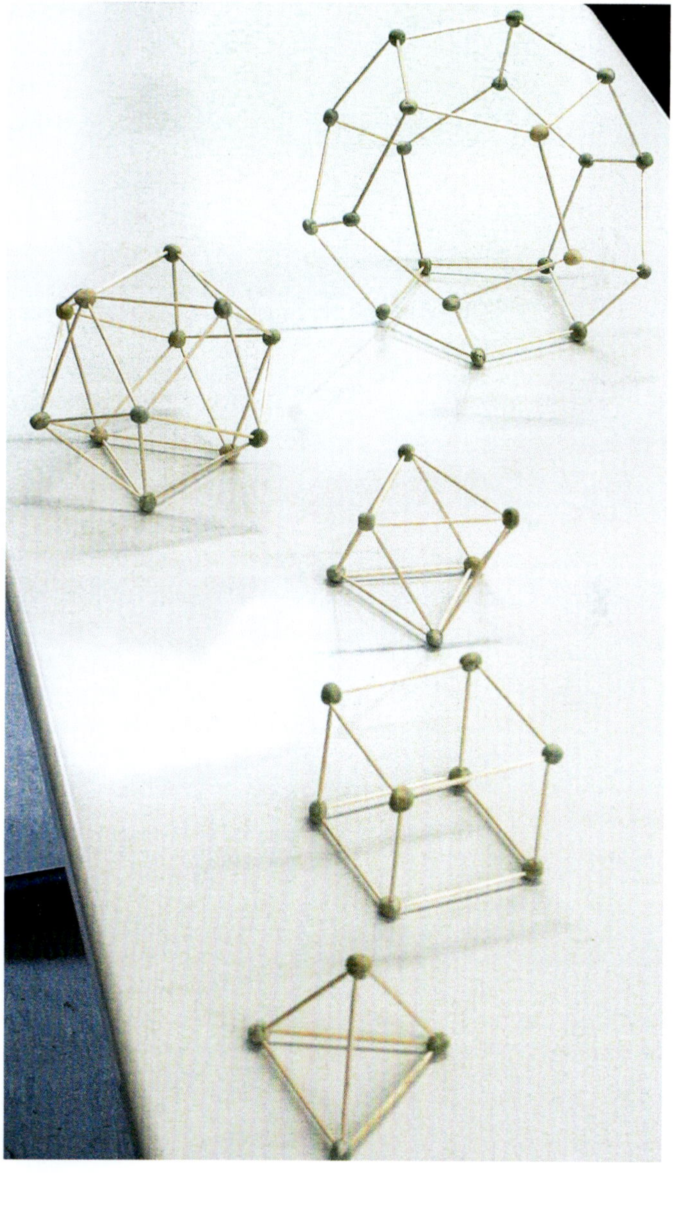

Umsetzung im Unterricht

Neben dem freien Bau an Modellen können in einer Pause am Würfel oder am Tetraeder die Eigenschaften von Platonischen Körpern gezeigt werden:

1. Sie setzen sich nur aus einer Art von regelmäßigen Vielecken zusammen.
2. An jeder Ecke stoßen gleich viele Kanten zusammen.
3. Platonische Körper besitzen keine Einbuchtung. Die konvexe Eigenschaft lässt sich auch so beschreiben: Jeder Platonische Körper kann durch Schleifen an einer ebenen Fläche aus einer Kugel hergestellt werden.

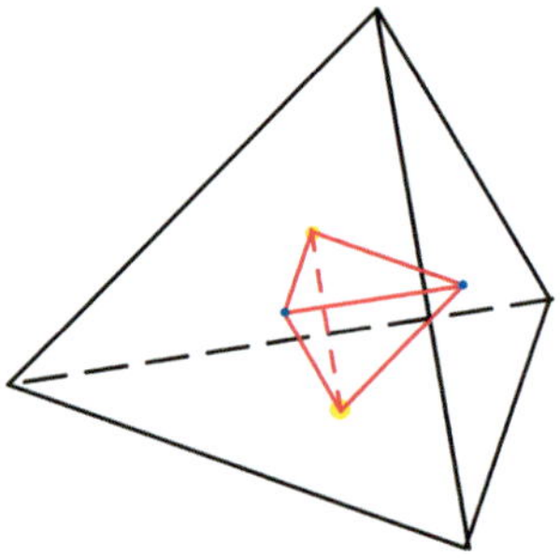

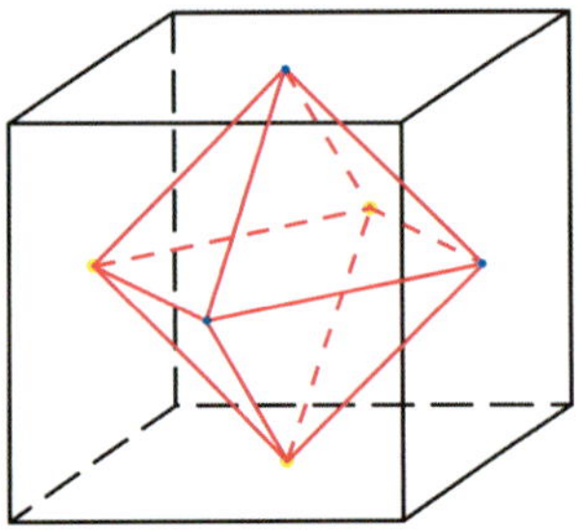

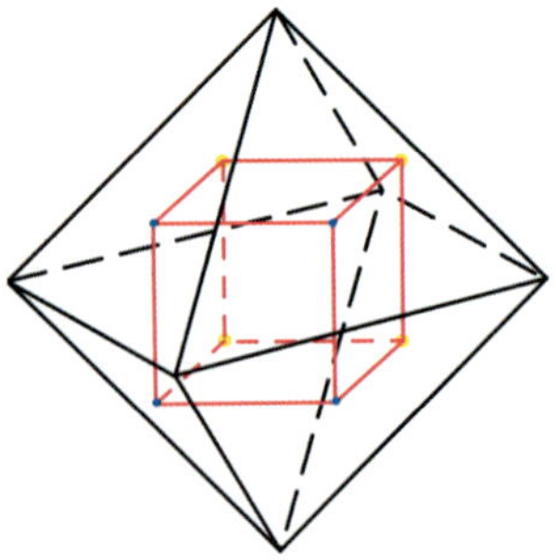

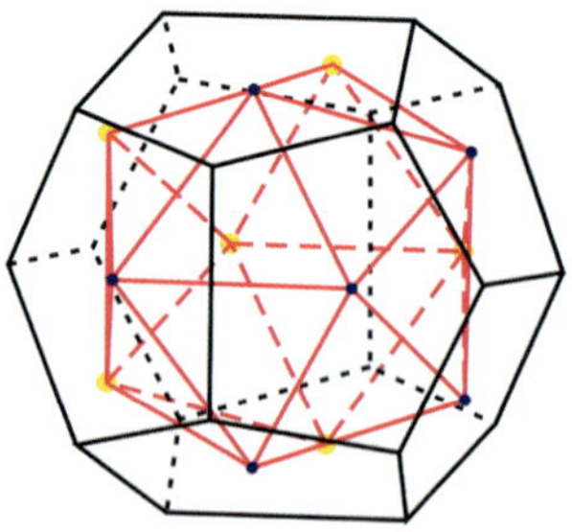

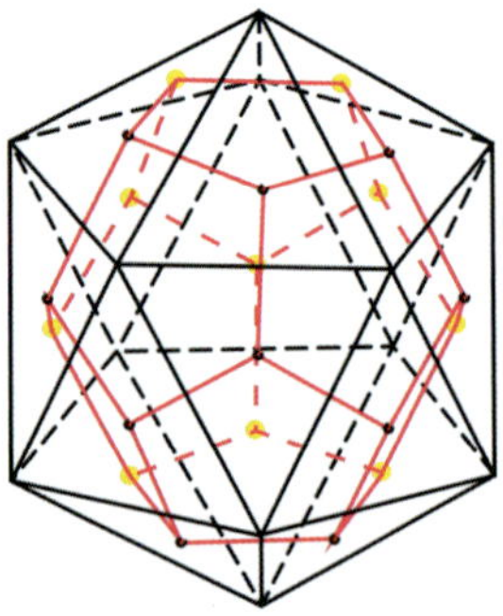

Aufgabe an die Klasse ist es, alle Platonischen Körper zu finden. Etwas einfacher ist die konkrete Frage nach einem bestimmten Körper: Ist es möglich, aus regelmäßigen Fünfecken einen (Platonischen) Körper zu bauen?

Bemerkung

Eine hübsche Eigenschaft von Platonischen Körpern: Würde man in den Mittelpunkt jeder Seite eine Erbse (Ecke) setzen und diese miteinander verbinden (Kanten), erhält man wieder einen Platonischen Körper, der genau im ersten drin sitzt (vgl. Abbildungen links). Wiederholt man den Vorgang, entsteht wieder der ursprüngliche Körper, natürlich verkleinert. Man sagt, dass je zwei Platonische Körper dual zueinander sind.

Beim Tetraeder entsteht auf diese Weise wieder ein Tetraeder. Er ist selbstdual.

Beim Würfel entsteht ein Oktaeder, entsprechend beim Oktaeder wieder ein Würfel. Und schließlich ergibt sich beim Dodekaeder ein Ikosaeder, wie auch entsprechend die Umkehrung. Ecken entsprechen Flächen, Flächen entsprechen Ecken. Die Anzahl der Kanten ist bei dualen Körpern gleich.

Graphen oder Knoten, Linien und Flächen

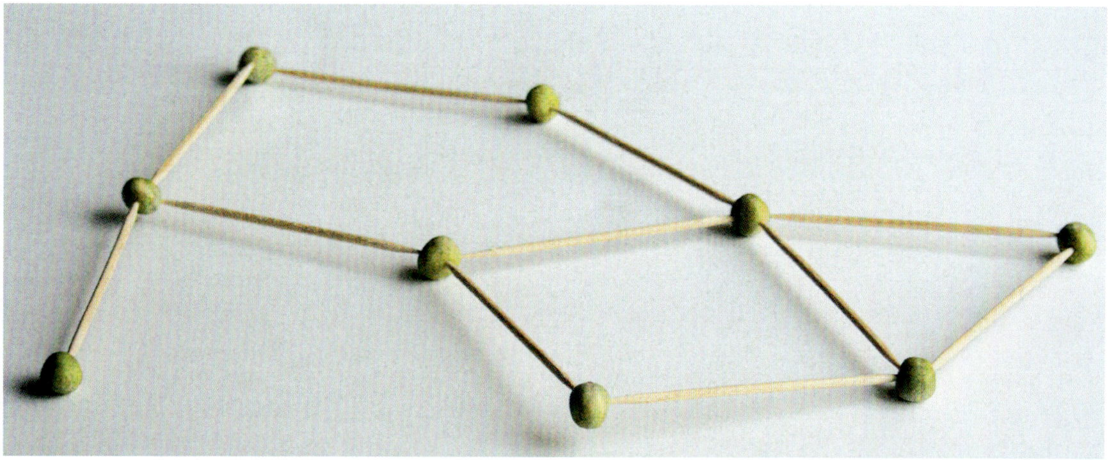

Jeder Schüler steckt einen Graphen seiner Wahl zusammen. Bedingung ist, dass auf jeder Spitze eines Zahnstochers eine Erbse sitzen muss.

Nun bestimmt jeder die Anzahl von Ecken (bzw. Knoten: die Erbsen), Flächen und Kanten (bzw. Linien: die Streichhölzer), zählt anschließend Ecken und Flächen zusammen und zieht die Anzahl der Kanten ab:

Ecken + Flächen – Kanten = 9 + 3 – 11 = 1

Vermutlich werden aufgrund von Rechenfehlern nicht alle Schüler auf die »1« kommen. Die Frage ist nun, in welchen Fällen sich die »1« ergibt und wann nicht. Ergibt sich immer dieselbe Lösung, sind andere Ergebnisse also *immer* Rechenfehler? Je nachdem, wie fit oder wie alt die Schüler sind, kann der Beweis gesucht werden.

Beweis durch Induktion

Jedes Gebilde lässt sich schrittweise aufbauen, und jedes beginnt mit einer Erbse:

Die Anzahl der Ecken ist eins, Flächen und Kanten gibt es keine:

Ecken + Flächen – Kanten = 1 + 0 – 0 = 1 (Induktionsanfang)

Fügen wir eine Kante hinzu (Zahnstocher), so ergibt sich auch eine neue Ecke:

Ecken + Flächen – Kanten = 2 + 0 – 1 = 1

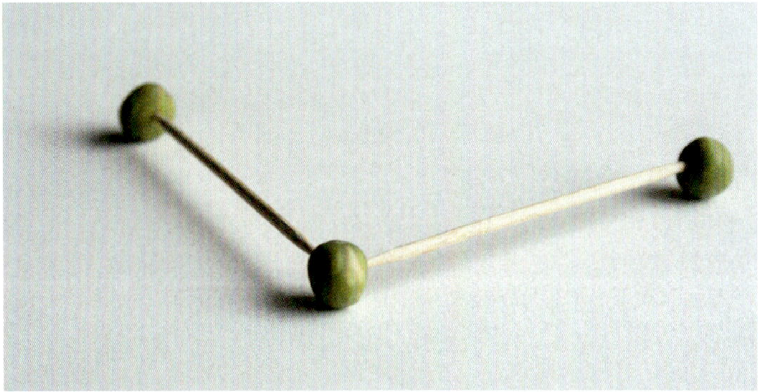

Einen Schritt weiter ergibt sich:

Ecken + Flächen – Kanten = 3 + 0 – 2 = 1

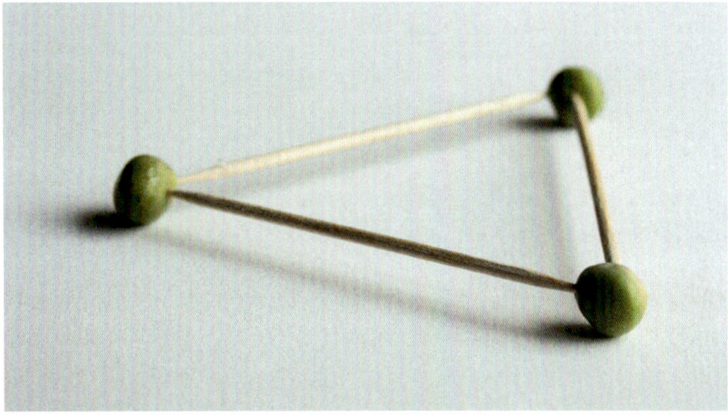

Dann gibt es zwei unterschiedliche Möglichkeiten: Entweder verbinden wir mit einer neuen Linie zwei Knoten (Ecken) miteinander und erhalten eine Fläche:

Ecken + Flächen – Kanten = 3 + 1 – 3 = 1

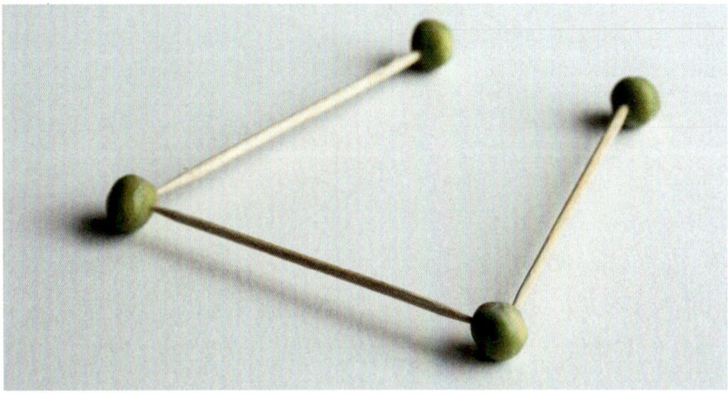

Oder wir verzichten auf die Fläche und entscheiden uns für einen weiteren Anbau, benötigen hierfür aber eine weitere Ecke:

Ecken + Flächen – Kanten = 4 + 0 – 3 = 1

Wir können das verallgemeinern: Mit folgenden zwei Möglichkeiten lässt sich jeder Graph nachbauen:

1. *Hinzufügen einer Kante zwischen zwei (bestehenden) Ecken.* Hier wird keine neue Ecke benötigt. Es sind eine zusätzliche Fläche und eine zusätzliche Kante entstanden, die sich in der Wirkung aufheben.
2. *Hinzufügen einer Ecke mithilfe einer Kante.* Hier entsteht keine neue Fläche. Die Anzahl der Ecken und der Kanten erhöht sich jeweils um eins – die Wirkung hebt sich auf. Es gilt also für alle Graphen:

   Ecken + Flächen – Kanten = 1

Bemerkung

Der Sachverhalt gilt auch allgemeiner: Die Kanten müssen keine Strecken sein, und es darf auch Schlaufen geben, wie man im Bild sieht:

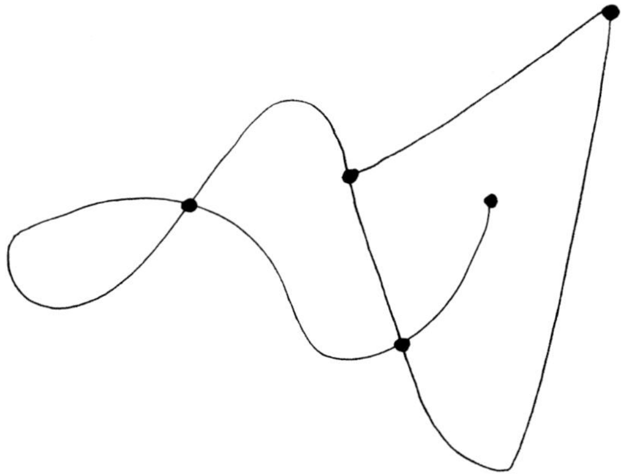

Schwieriger ist die Aufgabe, wenn ein Schüler so etwas an die Tafel kritzelt und der Lehrer die Ecken markiert. In diesem Beispiel gibt es fünf Ecken, drei Flächen und sieben Kanten. (Eine Linie ist die Verbindung zwischen zwei Knoten.) Wieder erhält man:

Ecken + Flächen – Kanten = 1

Möchte man im Unterricht das schrittweise Vorgehen betonen, eignen sich Erbsen und Zahnstocher zur Konstruktion besser. Aber mitunter hat man vielleicht keine eingeweichten Erbsen dabei.

Eulerscher Polyedersatz

Zurück in den Raum – und jetzt verstehen Sie, warum ich auch für Graphen die dort etwas umständlichen Begriffe »Ecke« und »Kante« verwendet habe.

Ein Würfel besitzt acht Ecken, sechs Flächen und zwölf Kanten. Zählt man die Anzahl der Ecken und Seiten zusammen und zieht davon die Kanten ab, ergibt sich zwei:

Ecken + Flächen – Kanten = 8 + 6 – 12 = 2

Beim Tetraeder erhält man dasselbe Ergebnis.

Ecken + Flächen – Kanten = 4 + 4 – 6 = 2

In der Bauphase ist eine fast unübersehbare Anzahl von Körpern entstanden. Gibt es bei räumlichen Körpern etwas Vergleichbares zu den Graphen im letzten Abschnitt? Gilt etwa Ecken + Flächen – Kanten = 2 für alle Körper auf dem Tisch?

Die Übung ist eine Übung im geschickten Zählen. In höheren Klassen können die Schüler versuchen, einen Beweis zu finden.

Hier eine Beweisidee, die auf dem obigen Ergebnis beruht: Betrachten wir einen Tetraeder

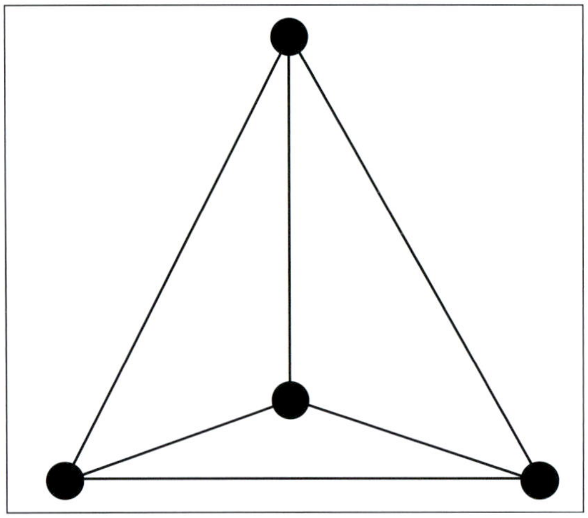

als Beispiel. Wir stellen uns vor, die Kanten wären aus Gummi und alle Flächen bis auf eine (zum Beispiel die Bodenfläche) wären mit einer dehnbaren Haut bespannt. Diese Fläche ziehen wir so weit auseinander, dass sich alle anderen Kanten bei Draufsicht im Inneren dieser Fläche befinden:

Aus dem letzten Abschnitt wissen wir, dass für Graphen Ecken + Flächen – Kanten = 1 gilt. Die Bodenfläche war nicht bespannt, daher fehlt noch eine Fläche, somit ergibt sich für den Tetraeder: Ecken + Flächen – Kanten = 2. Das Prinzip, aus einem Körper einen Graphen herzustellen, lässt sich für alle Körper anwenden, die sich auf die oben beschriebene Weise glatt ziehen lassen.

Vom Raum in die Ebene – Projektionen

Die Übung benötigt zwei Personen. Einer hält einen Gegenstand in die Sonne, der andere beobachtet nur den Schatten. Zum Beispiel sieht der Beobachter folgendes Bild (links) und soll nun den (räumlichen) Gegenstand beschreiben.

Wenn ihm das nicht gelingt, schließt der Beobachter die Augen, und der Gegenstand wird vom Partner gedreht, sodass eine andere Projektion entsteht. Das Foto zeigt Aufgabenstellung (Schatten links) und Lösung (Oktaeder rechts).

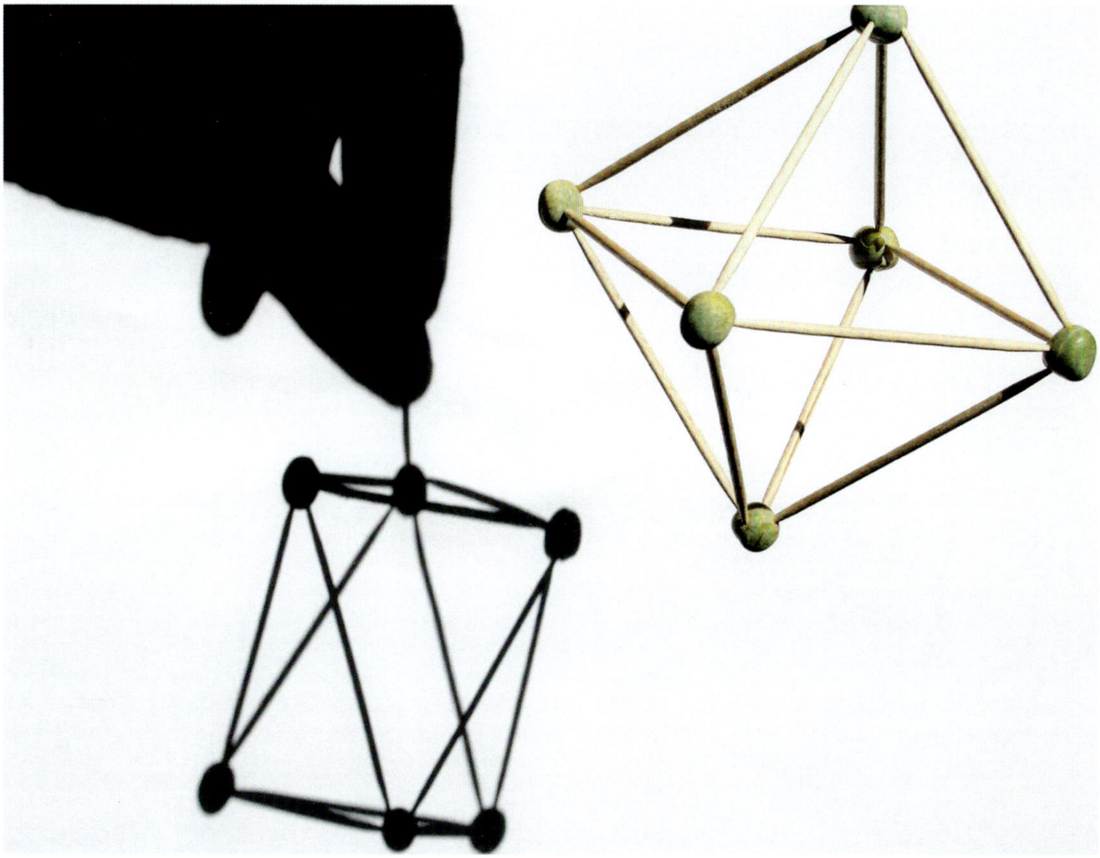

Optische Täuschung: Drehbewegung des Schattens

Ein Körper wird von seinem Baumeister wie in der Abbildung im Sonnenlicht *langsam* gedreht. Dabei steht die Drehachse senkrecht zum Sonnenlicht. Ein zweiter beobachtet nur den Schatten und versucht die Drehrichtung herauszufinden. Für diese Übung wird möglichst paralleles Licht benötigt. Es kann auch ein Tageslichtprojektor aushelfen, der möglichst weit entfernt steht.

Der Schatten ist eine Projektion des Körpers auf eine Ebene. So ist die Information von »vorn« und »hinten« verloren gegangen, also die Information, die in der dritten Dimension steckt. Somit lässt sich der Schatten auf zwei verschiedene Arten interpretieren:

Je nachdem, welche Kante hinten ist, dreht sich der Körper in eine andere Richtung.

Zur Veranschaulichung hilft ein Bleistift. Wird dieser parallel zu den Lichtstrahlen gehalten, ergibt sich als Projektion ein kleiner Kreis mit dem Durchmesser des Stiftes. Wird dieser langsam um seinen Mittelpunkt gedreht, wachsen zu beiden Seiten Schatten. Dabei spielt die Drehrichtung für die Schattenlänge keine Rolle.

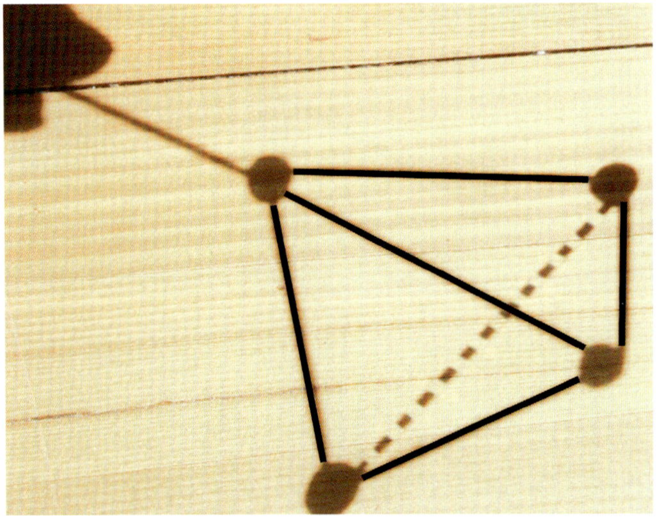

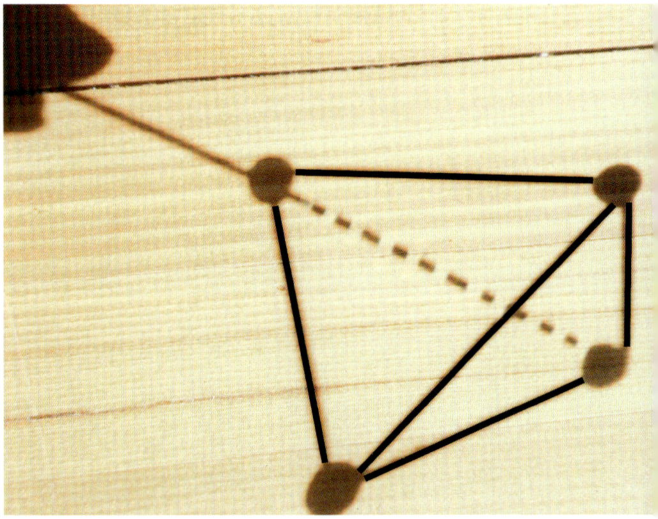

Minimalflächen

Die Objekte werden in Seifenblasenflüssigkeit eingetaucht und langsam wieder herausgezogen. Es entstehen wundersame Gebilde aus Seifenlamellen. Bei dieser Übung überzeugt die Mathematik durch Ästhetik, aber sie verblüfft auch, indem sie ungeahnte Formen hervorbringt.
Natürlich kann man die Ästhetik und Schönheit des Augenblickes genießen. Aber wenn man mehr über die Bespannung weiß, ist die Verwunderung über das, was man sieht, noch um ein Vielfaches größer.

Mathematischer Hintergrund

Seifenhäuten geht es so ähnlich wie den meisten Menschen: Sie wollen so lange wie möglich leben. Während unsereins dafür auf gute Ernährung und ausreichende Bewegung achten muss, ist das bei Seifenhäuten viel einfacher: Sie versuchen, ihre Haut so dick wie möglich zu machen. Das erreichen sie, indem sie sich so weit wie möglich zusammenziehen, also ihre Oberfläche *minimieren.* So ist jede Bespannung mit

einer Seifenhaut die kleinste, die es gibt. Eine solche Fläche nennt man *Minimalfläche*. Minimal bedeutet hier eine lokale Eigenschaft: Wenn die Seifenhaut eine leichte Veränderung erfährt, zum Beispiel durch Zittern oder einen leichten Wind, geht sie wieder in ihre alte Form zurück. Die Form ist in diesem Sinne *stabil*.

Das einfachste Beispiel für eine Minimalfläche ist die Seifenblase. Sie besitzt deswegen die Gestalt einer Kugel, weil jede andere Form eine größere Oberfläche hätte. Die Seifenhaut kann die eingeschlossene Luftmenge (genauer ihr Volumen) nicht mehr zusammenziehen. Bei einer Seifenblase ist diese Tatsache offensichtlich, aber

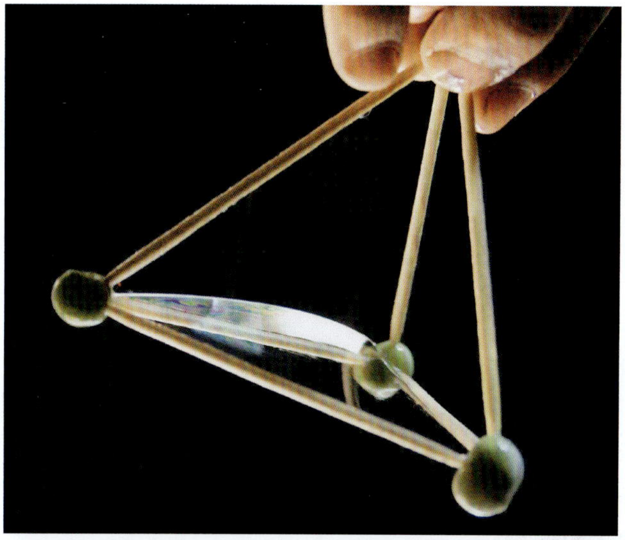

wer hätte gedacht, dass die Abbildung auf S. 22 ebenfalls eine Minimalfläche zeigt?

Verglichen mit einer Seifenblase sind die Randbedingungen hier komplexer. Das Prinzip ist jedoch dasselbe: Die Seifenhaut versucht, ihre Oberfläche so klein wie möglich zu machen. Die Randbedingungen hängen hier vom eingeschlossenen Volumen und von der Tetraederform ab. Den »aufgeblasenen Tetraeder« im Tetraeder erhält man durch zweimaliges Eintauchen. Nach dem ersten Mal erhält man die Bespannung wie in der obigen Abbildung. Taucht man dann nur eine Seite ein kleines Stück parallel zur Seifenblasenflüssigkeit wieder ein, erhält man das auf Seite 22 gezeigte Ergebnis.

Wenn man mit einem *trockenen* Finger an einer Stelle die Seifenhaut zerstört, also Randbedingungen verändert, entsteht eine neue Minimalfläche. Die Natur zeigt unmittelbar die oftmals überraschende Lösung.

Auch das Foto rechts zeigt eine Minimalfläche.

Quelle: http://commons.wikimedia.org/wiki/File:Olympiahalle.jpg

Eine praktische Anwendung von Minimalflächen stellt das 1972 gebaute Dach des Olympiastadions in München dar.

Man kann sich vorstellen, dass die gesamte Stahlseilkonstruktion in eine Seifenlösung getaucht wurde. Für die »Fenster« wurden natürlich keine Seifenhäute, sondern Kunstglas verwendet. Die Architekten nutzten Seifenhäute als Vorbild für stabile und sichere Baukonstruktionen.

Konkrete Umsetzung

Das Eintauchen benötigt eine klare Unterrichtsstruktur. Je jünger die Schüler, desto klarer der Rahmen. Jeder will natürlich sein Objekt eintauchen, das kann schnell zu Chaos führen. Ein Raumwechsel ist deshalb sehr vorteilhaft: Alle Bauwerke bleiben an ihrem Ort, der Eimer mit Seifenblasenflüssigkeit und eine Kamera werden mit nach draußen genommen. »Draußen« kann hier ein anderes Zimmer, die Aula oder der Schulhof bedeuten. Es müssen nur einige Meter zwischen Eimer und den Konstruktionen liegen.

Es ist gut, wenn die Schüler einen Halbkreis bilden, gern auch in mehreren Reihen, sonst sieht man nichts. Gegenüber befindet sich der Eimer. Es steht immer ein Schüler auf, holt sein Modell, wartet, bis völlige Stille eintritt, und taucht es dann ein.

Schaum ist der natürliche Feind der Seifenhaut. Möchte man klare Formen, ist Blasenbildung unbedingt zu vermeiden. Also langsam eintauchen und herausnehmen!

Jeder taucht sein eigenes Modell ein. Nach dem Eintauchen darf Schritt für Schritt die Seifenhaut zerstört werden. Es entstehen immer neue Minimalflächen, da die Randbedingungen sich ändern.

Die Übung gelingt auch mit 25 Schülern. Kleinere Gruppen sind besser, da sich sonst das Eintauchen zu lange hinzieht. Gegebenenfalls können sich immer zwei oder drei Schüler für ein Modell entscheiden.

Es sind gar nicht so sehr die komplexen Formen, die verblüffende Ergebnisse hervorrufen.

Schatzsuche oder Gerichtete Größen

Es gilt, einen Schatz zu finden. Ausgerüstet mit Kompass (S. 28), Zollstock und etwa einem Dutzend Richtungsangaben auf Kärtchen (25 Meter Nord, 10 Meter Süd, 15 Meter Ost …) gehen die einzelnen Schülergruppen im Freien auf die Suche. Die Übung dauert je nach Umfang ein bis zwei Stunden, die Vorbereitung etwa eine Viertelstunde.

Der Kompass

Material

für jede Gruppe

- ein Stabmagnet
- eine Styroporplatte
- Wasser
- eine Butterbrotdose oder ein tiefer Teller
- ein Zollstock
- 12 Kärtchen in Karteikartengröße
- wasserfester Filzstift

Ein kleiner Stabmagnet wird auf einer Styroporplatte in ein Wasserbad gelegt (in der Butterbrotdose oder im tiefen Teller). Man benötigt hierzu keinen besonders starken Magneten.

Die meisten Kinder sind überrascht, wie einfach sich ein Kompass herstellen lässt.

Auch ohne Schatzsuche ist das ein schöner Versuch: Der schwimmende Magnet richtet sich in Nord-Süd-Richtung aus. Um dann aber nicht Norden und Süden zu vertauschen, muss man zumindest eine Himmelsrichtung ungefähr kennen: Man kann sich z. B. daran erinnern, wo am Morgen die Sonne aufgegangen ist oder wo in der letzten Nacht der Große Wagen gestanden hat.

Der Kompass reagiert nicht nur auf das Erdmagnetfeld empfindlich. Er richtet sich stets nach dem Magnetfeld aus, das am stärksten ist. Andere Magneten in der Nähe verhindern deswegen eine genaue Richtungsbestimmung. Mit einem zweiten Stabmagneten kann man dem Kompass bis zu einer Entfernung von etwa einem halben Meter (abhängig vom Magneten) eine beliebige Richtung aufzwingen.

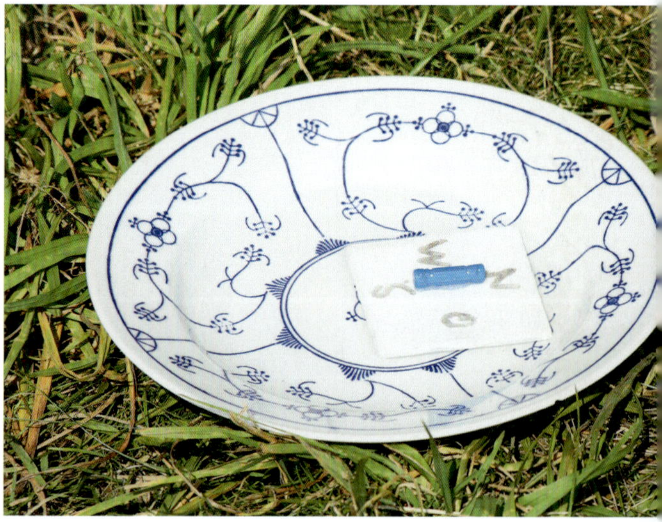

BIOBIO

Die Richtungskarten und das Vergraben des Schatzes

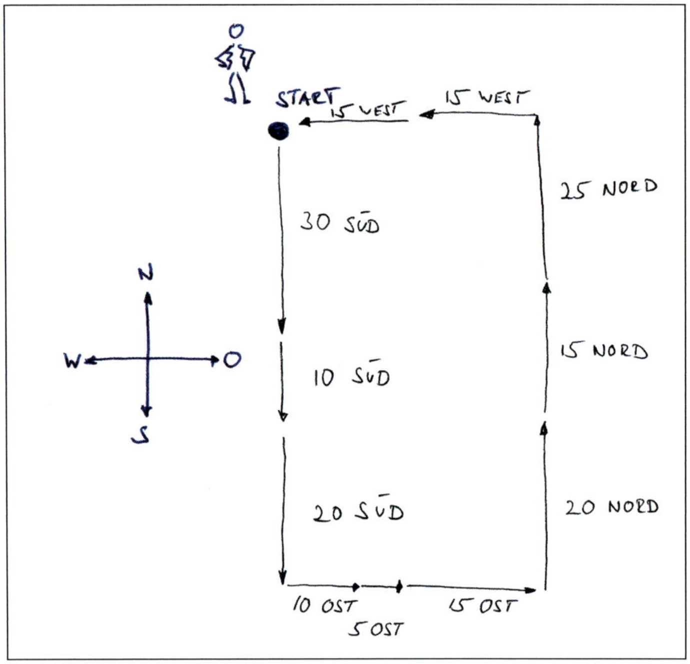

Geht man fünf Meter nach Norden und dann fünf Meter nach Süden, steht man wieder auf derselben Stelle – und zwar *unabhängig* von der Reihenfolge der beiden Richtungsangaben. Genauso verhält es sich mit den Richtungen Ost und West. Solange man darauf achtet, dass sich die Richtungsangaben gegenseitig aufheben, kann man beliebig viele kombinieren. Jede einzelne Richtungsangabe wird auf eine eigene Karte geschrieben. Wird jede Richtungsangabe genau einmal abgemessen, dann kommt man – unabhängig von der Reihenfolge – wieder am Startpunkt heraus.

Im Beispiel wurden jeweils insgesamt 60 Meter nach Süden, 30 Meter nach Osten, 60 Meter nach Norden und 30 Meter nach Westen zurückgelegt. Eine Skizze hilft, um den Überblick zu bewahren (siehe das Beispiel links):

Die Karten werden anschließend entsprechend beschriftet: »30 Meter Süd«, »10 Meter Süd«, »20 Meter Süd«, »10 Meter Ost«.

Die Anzahl der Richtungskarten richtet sich nach dem Alter der Kinder. Hier wurden für Erst- bis Drittklässler nur die »geraden« Richtungen *Nord, Ost, Süd* und *West* verwendet. Schwieriger wird es, wenn man auch Richtungen wie *Nordost* oder *Südwest* verwendet.

In einem letzten Schritt wird ein klarer Startpunkt für die Schatzsuche bestimmt. Das kann ein Stein, ein Punkt auf einer Baumwurzel oder eine Fahnenstange sein. Alle Gruppen beginnen später an diesem Punkt. Möchte man den Schatz nicht genau am Startpunkt vergraben, so benötigt man noch eine weitere Richtungsangabe: Vom Startpunkt aus misst man diese eine Strecke ab. Wir vergruben den Schatz sechs Meter in Richtung Süden. Für diese weitere Richtungsangabe wird entsprechend eine weitere Karte an-

gefertigt, sodass in unserem Beispiel jede Gruppe einen Satz von insgesamt elf Karten bekam.

Die Suche

Jede Gruppe bekommt einen Zollstock, einen Stabmagneten und einen Satz Richtungskarten. Der Gruppe wird der Startpunkt gezeigt und erklärt, dass jede Karte genau einmal verwendet wird. Wenn die Gruppe an einer Stelle eine Karte wegen der örtlichen Gegebenheiten (Weizenfeld, Abhang, Straße) nicht nutzen kann, dann kann zuerst eine andere Karte genutzt werden – das ist alles.

Ob die Kinder das Problem durch Probieren oder Nachdenken lösen, bleibt der jeweiligen Gruppe überlassen. Es erfolgt kein expliziter Hinweis, dass die Reihenfolge der Karten egal ist. Darin besteht ja ein Reiz der Aufgabe.

Der Satz Karten wird (für die Kinder nicht sichtbar) vor dem Austeilen gemischt, und dann wird Karte für Karte abgearbeitet. Die erste Messung wird am besten gemeinsam gemacht. Begonnen wird an einem klar definierten Startpunkt. Um sicherzustellen, dass jede Karte genau einmal verwendet wird, gibt der Kartenhüter nach jeder Messung die Karte an jemand anderen ab. Die zweite Messung beginnt am Endpunkt der ersten Messung, die dritte am Endpunkt der zweiten und so weiter. Die Kinder müssen ganz genau die Richtung peilen und messen. »Ungefähr« hilft nicht. Sonst kommen sie niemals beim Schatz an. Die Kinder nehmen die Aufgabe sehr ernst.

In der Grundschule hilft es, der Übung eine klare Form zu geben: Einer transportiert den Kompass, ein zweiter hält den Kartensatz in der Hand (Kartenhüter) und zwei messen die Strecken ab.

Im Bild unten sieht man ein Schatzsucherteam. Links im Bild wird der Kompass getragen, in der Mitte die Karten und rechts wird gemessen.

Es ist ein Freude, den Forschern bei ihrer Arbeit zuzuschauen und zuzuhören: »Erst sind wir 15 Meter nach da und dann 15 Meter wieder zurück – da hätten wir ja gleich stehen bleiben können!« Es ist wohl so, dass fast jede Gruppe die *Erfahrung* selbst machen muss. Kaum eine sortiert zwei Karten mit entgegengesetzten Richtungen aus.

Der Endpunkt wird schließlich mit dem jeweiligen Kompass der Gruppe markiert. Es darf auch schon gegraben werden.

Ende und Auflösung

Man muss schon sehr genau messen, um den Schatz zu finden. Die Auflösung ist eine Hymne an die Kraft des Denkens – wenn wir wollen, können wir diese Art des Denkens *mathematisch* nennen, da es abstrakt ist. Meist kommen die Kinder, zumindest im Ansatz, selbst darauf.

Hier wird eine Auflösung dargestellt, falls keine Gruppe den Schatz gefunden hat. Je jünger die Kinder, desto plastischer ist dabei die Darstellung. Ein großer Kreis wird gemacht: Ein Kind geht in die Mitte und soll fünf Schritte nach Süden gehen und danach fünf Schritte nach Norden. Mit Osten und Westen verhält es sich entsprechend. Es wird klar, dass sich die Richtungsangaben gegenseitig aufheben.

Jetzt können die Karten untersucht werden und dabei Karten, die sich aufheben, aussortiert werden.

Übrig bleibt dann in unserem Beispiel die Karte »6 Meter Süd«. Also werden lediglich vom Startpunkt sechs Meter in Richtung Süd gemessen und dort gegraben.

Die Idee, Richtungen zu verrechnen, ist viel besser, da sie viel genauer und viel schneller ist. Kurz: Ohne Mathematik hätte man den Schatz womöglich nie gefunden.

Mathematischer Hintergrund

Gerichtete Größen werden als *Vektoren* bezeichnet. Die Addition von Vektoren ist unabhängig von der Reihenfolge, es gilt: $\vec{a} + \vec{b} = \vec{b} + \vec{a}$. Diese Addition wird koordinatenweise berechnet: Das entspricht in dieser Übung dem Vorgehen, dass erst alle Nord- und Süd-Richtungen miteinander verrechnet werden (erste Koordinate) und entsprechend die Ost- und West-Richtungen (zweite Koordinate).

Dreiecke

Verwandtschaft von rechtem Winkel und Kreis: Satz des Thales

Material

- Geodreiecke
- Trinkhalme
- Klebeband
- Kreide
- Schnur

Die Aufgabe scheint einfach zu sein: Auf dem Schulhof befinden sich in einem Abstand von etwa zehn Metern zwei Bäume. Jeder Schüler soll sein Geodreieck so hinlegen, dass jede kurze Seite des Geodreiecks exakt auf den Fußpunkt von je einem Baum zeigt. Mit Fußpunkt ist der Punkt gemeint, an dem vor vielen Jahren der Samen des Baumes eingepflanzt worden ist.

Für die Übung werden nicht zwingend Bäume und Geodreiecke benötigt. Alternativ kann man zwei Punkte auf dem Boden markieren und rechtwinklige Dreiecke aus einem DIN-A4-Blatt schneiden.

Umsetzung

Bevor wir die Lösung suchen, soll jedes Kind sich überlegen, was herauskommen könnte. Wenn alle Dreiecke exakt liegen, ergeben sie dann ein Quadrat, ein Dreieck, Kreis oder irgendetwas Krummes? Oder liegen alle exakt ausgerichteten Dreiecke ohne eine bestimmte Ordnung mehr oder weniger wahllos herum?

Es wird nicht gesprochen; wer eine Vermutung hat, verschränkt zum Zeichen seine Arme. Sind alle Arme verschränkt, geht es los. Diese Vermutungen sind sehr wichtig, ansonsten wird hinterher die Lösung, der gefundene Kreis, gar nicht wertgeschätzt.

Einen Baum mit einer kurzen Dreiecksseite anzuvisieren ist einfach, aber dass *beide* kurzen Seiten gleichzeitig auf beide Bäume zeigen, kann ein echtes Problem darstellen. Zwei Voraussetzungen müssen für die Lösung erfüllt sein: Erstens muss man richtig peilen können, und zweitens benötigt man eine Methode, um beide kurzen Seiten des Geodreiecks gleichzeitig auf den jeweiligen Baum zu richten.

Nur wenn die Bäume sehr exakt angepeilt werden, kommt als Lösung auch ein Kreis heraus. Um die erforderliche Genauigkeit hinzubekommen, müssen die Kinder in der Regel das Peilen noch üben: Man entfernt sich einen Schritt von seinem Geodreieck und peilt entlang einer Seite. Auf diese Weise kann man sehr exakt die Richtung einer Dreiecksseite bestimmen und entsprechend dessen Lage korrigieren.

Aber: Zeigt eine der kurzen Seiten genau in die gewünschte Richtung, wird die andere es in der Regel nicht tun.

Wie geht man nun vor, um die zweite Seite auszurichten, ohne dabei die Ausrichtung der ersten zu zerstören? Man muss das Dreieck so lange entlang der bereits ausgerichteten kurzen Seite verschieben, bis auch die zweite Seite in die gewünschte Richtung zeigt.

Lösung

Die Übung gelingt nur, wenn man sehr exakt ist. Dann und nur dann liegen alle Dreiecke (genauer: die Eckpunkte am rechten Winkel) auf einem Kreis, dessen Durchmesser durch den Abstand der beiden Bäume gegeben ist.

Viel leichter ist es, wenn zuerst der (Thales-) Kreis gezeichnet wird: Mit einer Schnur wird also der Mittelpunkt zwischen den beiden Bäumen bestimmt und mit der halben Abstandlänge (Radius) ein Kreis mit Kreide markiert. Als Ergebnis erhält man einen Kreis, auf dem die Bäume einen Durchmesser markieren.

Jedes Kind stellt sich jetzt mit den Fersen an einer beliebigen Stelle auf den Kreis und lässt dabei seine großen Zehen auf je einen der beiden Bäume zeigen.

Gleichgültig, wo das Kind steht, entsteht ein rechter Winkel. Jedes Kind sucht sich einen weiteren Punkt auf dem Kreis und versucht es erneut. Wieder entsteht ein rechter Winkel. Nach drei, vier oder fünf Versuchen ist es erlebt: Egal, wo ich stehe, immer ergibt sich ein rechter Winkel! Es ist ein hübsches Bild, wenn alle sich die Schuhe ausziehen und diese entsprechend auf den Kreis stellen.

Tipp

Es ist leichter für die Kinder, wenn man »Pfeile« an die Dreiecke anbringt. In der Abbildung wurden Trinkhalme mit Klebestreifen fixiert. Vor allem in der folgenden Übung (S. 42) ist es leichter zu peilen, wenn die Seiten markiert sind.

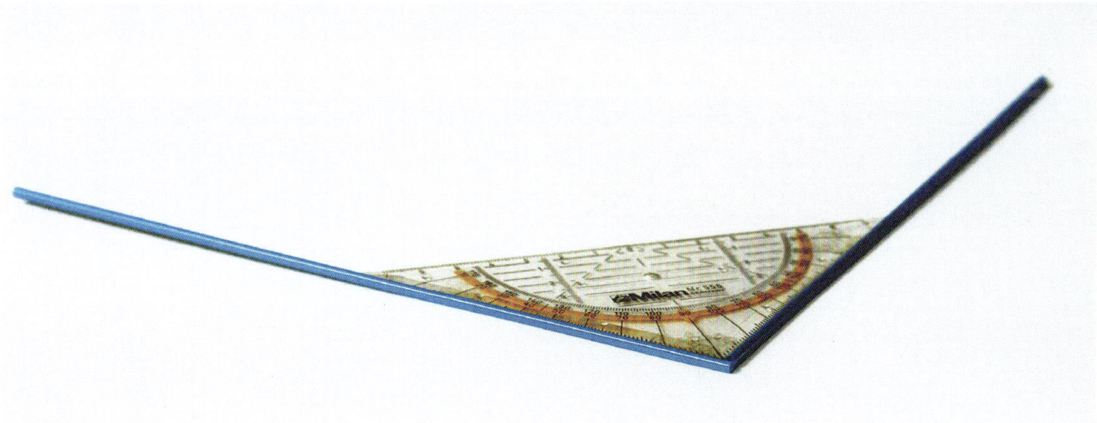

Folgeübung

Statt mit einem rechten Winkel kann man auch mit einem beliebigen Winkel einen Kreis finden. Das Geodreieck bietet einen 45°-Winkel an, aber für diese Übung könnte man jeden Winkel nehmen. Wieder werden zwei Punkte (Bäume) festgelegt. Die Peilung erfolgt jetzt wie in der Skizze unten von einer spitzen Ecke des Geodreiecks aus.

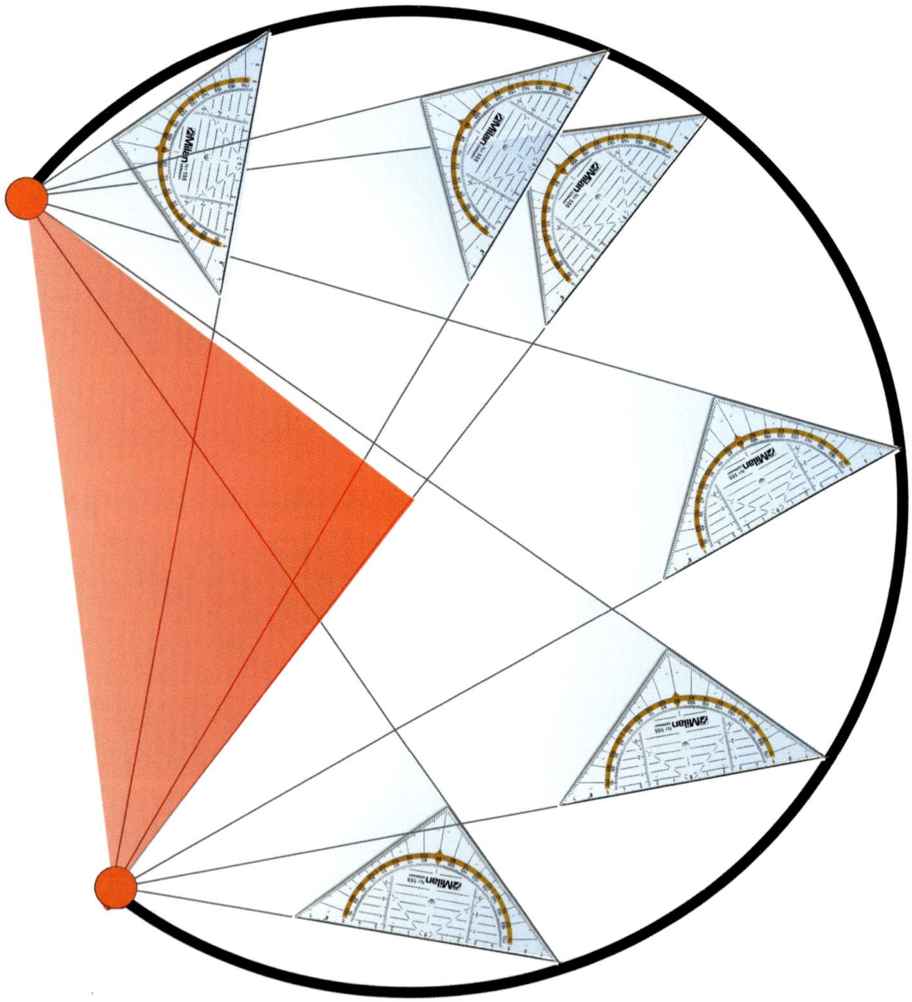

Der Satz des Thales ist ein Spezialfall des Kreiswinkelsatzes. Die beiden roten Punkte schließen mit dem Kreismittelpunkt stets den doppelten Winkel ein, im Beispiel also 2 x 45° = 90°. Es ergibt sich ein Dreiviertelkreis.

Bei dieser Übung ist es günstig, wenn die Schüler nur auf einer Seite der Bäume die Punkte suchen. Ansonsten erhält man dieses Ergebnis, das nicht falsch ist, aber vom Gedanken des Kreises ablenkt:

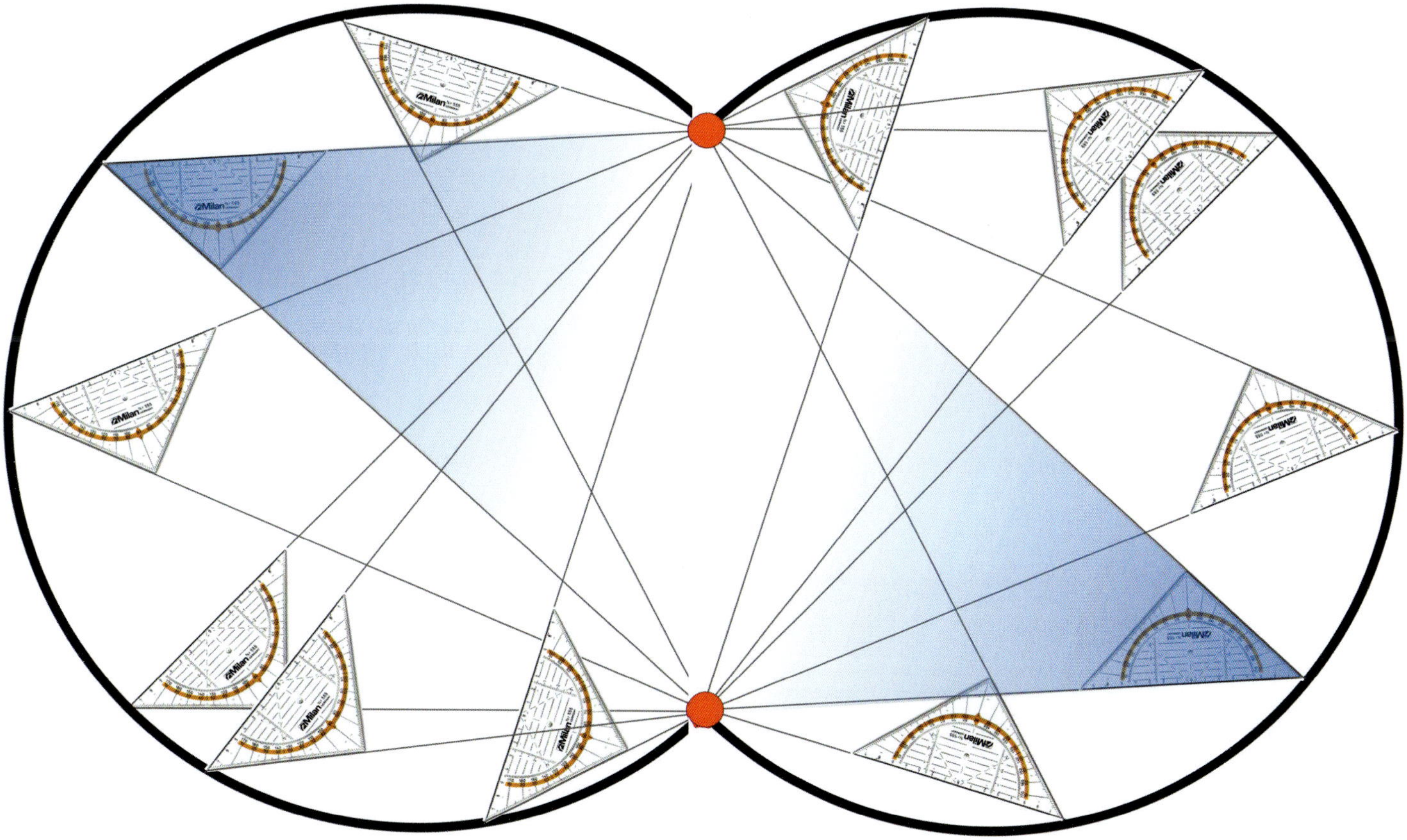

Innenwinkelsumme

Material

- Papier
- Schere
- farbige Stifte

Es ist fast ein Zauber: Wir zeichnen ein beliebiges Dreieck auf ein Stück Papier, schneiden es aus und färben die Ecken mit unterschiedlichen Farben (Gelb, Rot und Blau) ein.

Anschließend werden die farbigen Ecken abgerissen und an den Ecken zusammengelegt. Reißen ist besser als Schneiden, weil man dann hinterher noch erkennen kann, wo die Ecke beim Dreieck war. Alternativ kann man statt der Einfärbung je einen farbigen Pfeil in die Ecken zeichnen. Diese weisen dann auf die Ecken.

Bei allen Dreiecken ergibt sich ein Winkel von 180 Grad – unabhängig davon, wie das Dreieck gezeichnet wurde. Es gibt also eine Gemeinsamkeit aller Dreiecke! Die Kinder sprechen meist

von einem »Halbkreis«, was ja der Idee eines Vollwinkels oder gestreckten Winkels recht nahe kommt.

Natürlich ist das kein Beweis dafür, dass die Innenwinkelsumme in einem beliebigen Dreieck 180 Grad beträgt, aber man bekommt ein Gefühl dafür, dass etwas ganz Bestimmtes dahintersteckt. Und das ist keine Zauberei, sondern Mathematik.

Parkettierung – ein Beweis für die Innenwinkelsumme

Eine Fläche soll mit gleichen Figuren lückenlos überdeckt werden – so, dass sie nirgendwo überlappen. Diese Überdeckung wird Parkettierung oder Pflasterung genannt. Man erkennt sofort, dass sich eine solche mit Rechtecken sehr einfach realisieren lässt, jedoch niemals mit Kreisen.

Bei dieser Übung soll versucht werden, mit identischen Dreiecken eine Fläche zu pflastern.

Material

- Papier
- Papierschneidemaschine
- farbige Stifte

Umsetzung im Unterricht

Jede Gruppe (vier bis fünf Teilnehmer) erhält einen vorbereiteten Satz identischer Dreiecke. Am einfachsten lassen diese sich mit einer Papierschneidemaschine und einem Stapel Blätter (etwa 40 Stück) anfertigen. Sechs bis acht Dreiecksstapel reichen, rechtwinklige sind langweilig.

Im Unterricht markiert zuerst jede Gruppe die Ecken der Dreiecke in unterschiedlicher Farbe, und zwar so, dass gleiche Ecken auch die gleiche Farbe besitzen. Bitte darauf achten, dass die Dreiecke nicht unabsichtlich umgedreht werden, sodass die Rückseite oben liegt. Sind die Dreiecke markiert, ist klar, welche Seite die obere ist. Anschließend versucht jedes Team, eine Parkettierung zu finden.

Lösungsvorschlag

Immer zwei Dreiecke werden zu einem Parallelogramm zusammengelegt. Die Aneinanderreihung dieser Parallelogramme ergibt einen (unendlich) langen Streifen. In der Abbildung liegen bereits drei Stück aneinander.

Beweis für die Innenwinkelsumme

Sind die Dreiecke richtig gelegt, stoßen immer sechs Ecken aneinander. Im markierten Kreis sieht man, dass zwei Ecken die gleiche Farbe haben, sich also entsprechen.

Mehrere solcher Streifen ergeben eine Fläche.

Also ergeben drei verschiedene Innenwinkel den halben Vollwinkel, also 180 Grad.

Parkettierungen (er)finden

Im Alltag findet man komplexere Lösungen für Parkettierungen.

Mit Papier und Bleistift kann man selbst weitere Parkettierungen erfinden.

Mathematische gruppendynamische Übungen

Figuren stellen

Zu Beginn mischen sich die Schüler, indem sie schweigend kreuz und quer durch das Klassenzimmer gehen. Beim Klatschen des Lehrers erstarrt alles im Raum. Der Lehrer gibt eine einfache Figur vor, zum Beispiel ein Quadrat. Die Schüler versuchen jetzt, so schnell wie möglich als Gruppe das Quadrat zu stellen. Der Lehrer nimmt die Zeit, bis die Figur *exakt* gestellt ist. Wenn nur einer spricht, wird sofort abgebrochen, erneut gemischt, und die Klasse erhält eine neue Aufgabe. Vermutlich müssen Sie ein- bis zweimal abbrechen.

Der Verzicht auf Sprache ist wesentlich für die Übung: Jeder soll sich selbst in der Figur einordnen. Das bedeutet, er muss die Gruppe und sich selbst wahrnehmen. Es geht also nicht darum, dass ein Schüler eine Idee hat und die anderen führt, vielmehr soll jeder seine Aufmerksamkeit auf die Gruppe lenken und sich überlegen, was er dazu beitragen kann, damit die Aufgabe so schnell wie möglich bewältigt wird. Die Übung ist nicht so einfach, wie sie zu Beginn scheint. Es gibt keinen Führer mehr, die Gruppe muss sich selbst organisieren.

Wenn die verbale Kommunikation unterbrochen ist, beginnt ein wildes Fuchteln mit den Händen. Statt zu reden, wird jetzt mit dem ganzen Körper gesprochen. Das ist immer so: Einige versuchen, die anderen zu dirigieren. Möchte man die Übung intensivieren, darf auch nicht mehr mit den Händen gesprochen werden. Manchen Schülern fällt das sehr schwer – mit dem Verbot der verbalen und nonverbalen Kommunikation gibt es fast keine Führungsmöglichkeit mehr. Man muss als Spielleiter die Begriffe verbal und nonverbal gar nicht verwenden. Es reicht die Anweisung: »Alle Hände in die Hosentasche!«

Damit diese Übung gelingt, muss jeder das Handeln der Gruppe im Auge behalten – und seinen eigenen Standpunkt. Wenn einer »schläft«, wird keine gute Zeit erreicht.

Es gibt einfache Aufgaben, wie einen Kreis, ein Quadrat oder ein gleichseitiges Dreieck. Je mehr Symmetrieachsen eine Figur hat, desto schneller können sie gestellt werden. Es können auch Buchstaben dargestellt werden: Ein »X« ist einfach, ein »A« schon schwieriger (siehe Abb. auf Seite 49).

Auch Zahlen wie »3« oder »13« sind interessant. Wenn die Gruppe sehr gut ist, kann man es auch mit einem Fragezeichen versuchen.

Entscheidend ist bei der Übung der Schwierigkeitsgrad. Der Lehrer (Spielleiter) soll fordern, aber nicht überfordern. Im Zweifelsfalle ist es besser, etwas zu schwierige Aufgaben zu stellen, als zu leichte.

Blinder Kreis

Die Übung im letzten Abschnitt kann auch blind versucht werden. Wieder mischt sich die Gruppe, indem sie kreuz und quer durch den Raum geht. Wieder frieren alle beim Klatschen des Lehrers ein – und dann schließen alle die Augen.

Natürlich kann dabei geschummelt werden. Aber wer schummelt, nimmt sich selbst das We-

sentliche an der Übung. Wenn das klargestellt ist, wird auch keiner blinzeln. Selbstverständlich könnte man Augenbinden verwenden – aber dazu muss man Augenbinden zur Hand haben. Und schließlich ist es schöner, wenn es ohne geht.

Wie bei allen Blindenexperimenten muss man hier Vorsicht walten lassen: Auch wenn zwei Köpfe »nur« bei langsamer Schrittgeschwindigkeit aufeinanderstoßen, kann das ernste Folgen haben. Ich fordere die Schüler auf, ihre Uhren und Ketten in die Hosentasche zu stecken. Das erzeugt ein Bewusstsein der Gefährlichkeit. In diesem Zusammenhang kommt der Stille eine neue Bedeutung zu. Man »sieht« jetzt mit den Ohren. Wenn es ganz leise ist, dann hört und fühlt man, ob jemand in der Nähe ist.

Blind ein Fragezeichen zu stellen ist viel zu schwer. Schon ein Kreis ist eine echte Herausforderung. Wer sicher glaubt, in einem exakten Kreis zu stehen, öffnet die Augen. Wenn alle Augen geöffnet sind und der Kreis akzeptabel ist, kann das Quadrat angegangen werden. Alternativ kann der Kreis ein zweites Mal versucht werden.

Gordischer Knoten

Ein mathematisches Spiel, ganz ohne Zahlen. Die Kinder kommen dicht zusammen, schließen die Augen und strecken die Arme hoch. Jetzt versucht jede Hand, eine fremde noch freie Hand zu fassen. Ein Knoten ist entstanden. Bis zum Schluss darf jetzt nicht mehr losgelassen werden.

Jetzt werden die Augen geöffnet und der Knoten betrachtet. Man kann das Durcheinander nur gemeinsam entwirren.

Als Lösung erhält man meistens einen Kreis. Manchmal gibt es mehrere Kreise, die auch ineinander verschlungen sein können. Dann lässt sich der Knoten nicht mehr weiter entwirren.

EXKURS

Spielen und Mathematik

Wenn man nicht alexandergleich mit dem Schwert abkürzt, ist das Entwirren des gordischen Knotens ein mathematisches Spiel, da die Lösung Schritt für Schritt gefunden wird und man mit Logik weiterkommt. Leider hat das Spielen in der Schule hierzulande einen schlechten Ruf. Aus der Neurodidaktik wissen wir aber, das Lernen und Spielen eng miteinander verknüpft sind. Deswegen spielen offenbar auch alle der über 5000 Säugetierarten.

Die meisten Spiele basieren auf mathematischen Prinzipien. Spiele sind fast immer eine Mischung aus Nichtwissen und Strategie. Das Nichtwissen (das Unvorhersehbare) wird sehr häufig mithilfe des Zufalls erzeugt. Man denke hier etwa an »Mensch ärgere dich nicht«: Alle Emotionen im Spiel werden durch den zufälligen Wurf eines Würfels gesteuert. Etwas komplexer ist das Spiel »Siedler von Catan«. Hier sind die Wurfergebnisse nicht mehr gleich verteilt. Die Zahl Sieben kommt bei der Addition von zwei Würfeln am häufigsten vor, die zwei und die zwölf fast nie. Bei Kniffel mit seinen fünf Würfeln sind die Wahrscheinlichkeiten noch komplizierter zu fassen. Kartenspiele beginnen meist mit dem zufälligen Mischen und Austeilen von Karten. Danach bekommt der Spieler die Freiheit, zu wählen. Die Mischung aus Zufall und Mitbestimmung macht den Reiz des Spieles aus. Auch bei »Mensch ärgere dich nicht« hat der Spieler die Wahl, welche Figur er zieht. Sonst wäre das Spiel langweilig. Zum Zufall kommt also eine Strategie. Es macht einen Unterschied, welche Karte ich lege, welchen Würfel ich beim Kniffelspiel auswähle und wo ich bei »Siedler von Catan« Haus und Straße baue.

Es gibt auch Spiele, die auf den ersten Blick ohne Zufall auskommen. Schach ist ein gutes Beispiel dafür. Aber das bedeutet nicht im Umkehrschluss, dass Schach nur Strategie wäre. Wir können im Schachspiel nicht den gesamten Spielverlauf vorausdenken. Je nach Übung und Begabung können wir zwei, drei oder mehr Züge durchdenken. Aber dann wird die Anzahl an Möglichkeiten zu groß, und wir verlassen uns auf unser Gefühl. Je nach Vorgeschichte und Erlebnissen in vergleichbaren Situationen entscheiden wir uns, ohne alle Möglichkeiten auszuloten. Wir entscheiden uns nicht zufällig für einen Zug. Aber wir wissen auch nicht alles, um ganz sicher zu sein, dass dieser Zug der beste ist. Wir überblicken nicht die gesamte Situation und müssen uns trotzdem für einen Zug entscheiden.

So sind Spiele – didaktisch gesehen – hervorragende Lehrer. Wir überblicken in der Regel nicht die gesamte Situation, vielleicht weil sie zu komplex ist oder weil der Zufall mitspielt. Und trotzdem treffen wir eine Entscheidung. Es ist wichtig, dass wir lernen, uns zu entscheiden, obwohl wir nicht alles für eine Entscheidung Wichtige wissen. Dietrich Dörner gibt in seinem Buch »Die Logik des Misslingens« dafür wunderbare Beispiele.

Weiterführende Literatur

Dörner, Dietrich: Die Logik des Misslingens. Rowohlt, Reinbek, 13. Auflage 2000.

Wunderkerzen

Material

- Kerze
- für jeden Schüler eine Wunderkerze

Wir stehen draußen im Kreis, jedes Kind erhält eine Wunderkerze. In der Mitte brennt eine Kerze. Ziel ist es, dass wir alle mit angezündeten Wunderkerzen wieder im Kreis stehen, und zwar so, dass trotz ihrer begrenzten Brenndauer alle Wunderkerzen für einen Moment gleichzeitig brennen.

Die Schüler bekommen Zeit, um eine Strategie zu entwickeln. Wieder muss eine Lösung im Team gefunden werden – gegen die Zeit.

Wie immer auch die Lösung konkret aussieht, es wird in der Regel mit dem Schneeballprinzip gearbeitet: Eine Wunderkerze zündet mehrere andere an. Das exponentielle Wachstum ist das schnellste.

Mit dieser Übung kann man einen schönen Schlusspunkt setzen. Der große Wunderkerzenkreis beeindruckt und wirkt sehr harmonisch, wenn er exakt gestellt ist. Je mehr Personen beteiligt sind, desto besser. Ein Abschiedsfest mit Kindern und Eltern ist hervorragend geeignet, vor allem im Winter, wenn es schon früh dunkel wird.

Symmetrie

Symmetrie ist vielleicht die erste Form der Mathematik. Deswegen sind das Empfinden, Wahrnehmen und Erleben von Symmetrien einer der wichtigsten Wege bei der Vermittlung von Mathematik.

Entlang einer Spiegelachse soll zuerst das Klassenzimmer symmetrisch eingerichtet werden. Später erproben sich die Schüler selbst auf der von ihnen geschaffenen symmetrischen Bühne.

Ungeordneter Raum

Häufig sind Tische und Bänke im Klassenzimmer bereits symmetrisch gestellt, und man tut sich in der Regel schwer damit, etwas ganz Neues zu schaffen. Es bietet sich also an, die alte Ordnung ganz aufzulösen. Möbel (von lat. »mobilis«: beweglich) lassen sich bewegen.

Es ist gut, wenn die bisherige Ordnungsstruktur vollkommen aufgelöst wird, aber diese Auflösung muss bewusst geschehen. Chaos führt zu eingeklemmten Fingern oder anderen Unfällen. Nötig ist eine klare Form: Wir gehen zunächst durch den Raum und versuchen, ihn wahrzunehmen. Wir können auch hier der Übung eine Form geben, indem wir die Augen schließen und Fragen zum Raum beantworten: »Wie stehen Tische und Stühle?«, »Was liegt auf dem Boden?«.

Dann erst soll maximales Chaos entstehen. Dafür darf jeder Schüler *einen* Gegenstand im Klassenraum verändern, mit dem Ziel, dadurch die Unordnung zu erhöhen. Wir stellen uns vor, dass wir in einem Theater sind, und wollen innerhalb weniger Sekunden aus Ordnung Chaos

wachsen lassen. Es sollen nicht willkürlich Gegenstände gekippt werden, sondern es soll ganz bewusst eine Unordnung entstehen. Es ist also ein gesteuertes Chaos.

Bei der Übung darf keine Gefahr entstehen: Ein Stuhl, der irgendwo an der Tafel pendelt und fast herunterfällt, ist nicht erlaubt. Lässt er sich fest verankern, dann schon. Wenn ein Tisch umgestellt oder gekippt werden soll, kann zusammengearbeitet werden. Es muss nicht jeder Schüler seine Sache allein umstellen. Auf dem Bild links (S. 54) kippen zum Beispiel drei Kinder gemeinsam einen Tisch. Das ist einfach sicherer.

Ist das Chaos fertig, soll sich jeder ein Bild davon machen. Wir stellen uns vor, dass wir unseren Eltern die Unordnung präsentieren wollen. Also brauchen wir ein Foto. Mithilfe der Hände legen wir für die Kamera den Bildausschnitt fest. Die Tatsache, dass jedes Kind sich für ein bestimmtes »Foto« entscheiden muss, erzwingt eine Wahrnehmung der Wirkung des neu gestalteten Raumes. Auch hier benötigen die Kinder eine klare Form. Es ist also besser, wenn sie von drei verschiedenen Standorten ein »Foto« machen und sich dann für eines entscheiden. Dieses Bild soll sich das Kind fest einprägen und später mit dem in der folgenden Übung »Symmetrische Einrichtung« vergleichen.

Auch wenn diese Art von Übungen spielerisch ist, erfordern sie doch eine hohe Konzentration. Den Schülern wird einiges abverlangt. Das Schweigen ist einerseits für die Wahrnehmung,

andererseits für die Unfallvermeidung wichtig. Aber wenn es den Kindern zu viel wird, sollte man »Schweigepausen« einlegen. So kann man den Schülern auch ein paar Minuten Zeit geben, um über das Chaos zu reden.

Symmetrische Einrichtung

Als nächster Schritt soll der Raum entlang einer Spiegelachse eingerichtet werden. Auf ein Zeichen des Lehrers erhalten die Kinder 60 Sekunden Zeit, um den Raum so symmetrisch wie möglich einzurichten. Wiederum darf nicht gesprochen werden. Die Zeit ist ein guter »Gegner«. In sehr vielen Übungen der Erlebnispädagogik spielt die Zeit eine große Rolle: Eine Gruppe tritt gegen eine bestimmte Zeitvorgabe an. Das ist etwas Hübsches, weil es keinen echten Verlierer gibt. Hier hat die Zeitvorgabe vor allem den Effekt, dass alle sehr schnell in die Gänge kommen.

Nach der Minute wird der Raum wieder betrachtet. Nichts wird berührt oder verändert, aber die Kinder dürfen sich gegenseitig auf die (noch) unsymmetrischen Dinge hinweisen. Erneut gibt es 60 Sekunden Stille, in der das Schaffen perfekter Symmetrie angestrebt wird. Auch eine dritte Minute kann helfen. Aber irgendwann ist es genug.

Für den letzten Schliff wird Zug um Zug vorgegangen. Es darf sich jetzt nur noch eine

Person im Raum bewegen. Geht ein Schüler los, um etwas an der Symmetrie zu verbessern, frieren alle anderen ein. Auf diese Weise wird die Aufmerksamkeit sehr stark auf den Handelnden gebündelt. Seine Handlung wird durch das Zuschauen der anderen viel wichtiger.

Dass sich nur einer im Raum bewegen darf, fällt den Schülern zu Beginn recht schwer. Meist sind sie daran gewöhnt, sich zu melden. Sie heben die Hand und blicken erwartungsvoll zum Lehrer in der Hoffnung, dass er sie drannimmt. Natürlich geht das auch so. Aber wenn man mit der Symmetrie auch die gegenseitige Wahrnehmung der Gruppe stärken möchte, dann ist es eine gute Übung, dass nur immer einer etwas verändert – selbstgesteuert.

Das Interessante an der Übung: Man wird nie fertig. Nach jedem Zug wird etwas mehr an Exaktheit erreicht, aber genau dadurch fallen andere kleine Unsymmetrien erst auf. Es ist wie beim Putzen: Je sauberer die Wohnung wird, desto mehr fallen Kleinigkeiten ins Gewicht. Nie fertig zu werden – man könnte auch sagen: das Prozesshafte als Wesenskern – gilt auch fürs Lernen: Je genauer wir eine Sache angehen, desto schärfer werden unsere Fragen. Das Fragen hört auch nie auf: Hat man ein Problem richtig gelöst, bekommt es Kinder, in der Regel mehrere. Man kann sich also daran gewöhnen, dass das Fragen nie aufhört. Man ist nie fertig, man erreicht nie ein Ende. So kann man an der Qualität einer Frage am besten erkennen, wie gut sich der Fragesteller in einem Thema auskennt. Damit rückt – didaktisch betrachtet – die »Frage« weiter in den Mittelpunkt. Entscheidend sind die Fragen und die Suche nach einer Antwort. Freinet formuliert es so: »Wirklich wichtig ist nicht das Wissen, sind nicht einmal die Entdeckungen. Wichtig ist das Forschen.«

Symmetrie erleben

Jetzt sollen sich die Schüler selbst in die Symmetrie einordnen. Natürlich kann sich jeder auf die Spiegelachse stellen, aber dann wird die folgende Übung langweilig. Es ist wesentlich besser, wenn die Achse ausgelassen wird und jeder einen Partner hat.

Die Spiegelpartner sollten sich möglichst ähnlich sehen. Vielleicht sind ja sogar Zwillinge in der Klasse. Wenn alle ihren Platz gefunden haben, kann sich das Spiegelpaar ganz langsam bewegen. Je langsamer, desto besser. Also Zeitlupe. Es geht um Exaktheit: Wenn ein Paar geht, dann sollen beispielsweise beide mit ihrem vorderen Fuß den Boden gleichzeitig berühren. Am besten man beginnt nur mit einer Hand, bewegt dann langsam auch den Körper und geht erst dann durch den Raum. Jedes Paar soll schließlich ein Hindernis überwunden haben und mindestens fünf Schritte zurücklegen. Die Übung wird interessanter, wenn je ein Drittel der Schüler im Liegen, im Sitzen und im Stehen beginnt.

Es können auch Gegenstände im Raum bewegt werden. Es können zum Beispiel die Stühle hochgestellt oder mit Kreide an die Tafel geschrieben werden. Die Partner können auch versuchen, die Seite zu wechseln, was bei Einhaltung der Achsensymmetrie unmöglich ist.

Auf ein Klatschen des Lehrers frieren alle ein. Dieser geht durch das Bild und kontrolliert, ob alles exakt richtig ist. Falls die Schüleranzahl in der Klasse ungerade ist, kann der »überzählige« Schüler diese Aufgabe übernehmen. Er gibt die Kontrollrolle ab, indem er jemanden antippt und dessen Haltung übernimmt. Am Schluss der Übung kann auf symmetrische Weise die alte Ordnung wiederhergestellt werden.

Sich symmetrisch mit einem Partner zu bewegen bringt den Schülern Freude. Es schwingt vieles mit. Auf den ersten Blick ist es natürlich eine mathematische Übung. Es ist auch eine Übung darin, sich in den anderen einzufühlen. Im Idealfall gibt es kein Original und kein Spiegelbild, keinen Führer und keinen Geführten. Beide Rollen wechseln ständig hin und her.

Zwei Spiegel

Material

- Kreppband

Vorübung

Mit Kreppband wird eine Spiegelachse auf dem Boden markiert. Auf der einen Seite dürfen vier Schüler Platz nehmen. Dabei sollen sich alle berühren, mindestens einer soll stehen, ein anderer liegen und ein dritter sitzen. Alternativ können die Kinder auch ein Standbild zu einem bestimmten Thema stellen.

Jetzt sollen vier Schüler auf der anderen Seite das Bild genau spiegeln. Ist die Kopie exakt, schließen alle am Rand sitzenden Zuschauer die Augen und der Lehrer verändert eine Kleinigkeit. Im Anschluss wird die Veränderung gesucht. Es wird nicht gesprochen. Stattdessen gibt es einen Zauberstab (einen roten oder schwarzen Stift). Wer den Stift in der Hand hält, darf zum Standbild hingehen und die fehlerhafte Stelle berühren. Hat er die richtige Stelle (oder Spiegelstelle) getroffen, korrigieren die Darsteller ihre Haltung, danach wird der Stift weitergegeben.

Für den zweiten Durchgang schließen wieder alle Zuschauer die Augen oder drehen sich um. Die Darsteller verändern ihr Standbild, und wieder verändert der Lehrer eine Kleinigkeit. Nach der Auflösung räumen die Darsteller das Feld und geben die Bühne für die nächsten frei.

Handlungsorientiertes Lernen hat nicht automatisch zur Folge, dass jeder handelt. So kann beispielsweise ein Teil der Klasse etwas tun, und die anderen können deren Handeln beobachten. Auf diese Weise werden unterschiedliche Standpunkte eingenommen: Einmal erlebt der Schüler als Teil des ganzen Bildes die Symmetrie, einmal beobachtet er von außen. Es ist ein altes theatrales Prinzip, das jeder kennt und das deswegen so gut funktioniert: Die einen machen etwas, die anderen schauen zu. Im Unterricht besteht häufig das Problem, dass der Lehrer etwas tut und die Schüler nie in die Rolle des Handelnden wechseln. Das ist nicht mehr spannend.

Übung

Auf dem Boden wird senkrecht zur Spiegelachse eine weitere hinzugefügt, sodass ein Achsenkreuz entsteht. Auf einem beliebigen Quadranten soll ein Freiwilliger eine stabile Haltung einnehmen. Er kann sitzen, stehen oder liegen. Jetzt werden die drei anderen Felder entsprechend mit Spiegelbildern besetzt (siehe Abb. auf Seite 60).

Stehen alle vier exakt symmetrisch, kommt ein weiterer Freiwilliger in einem beliebigen Quadranten hinzu. Dabei soll er den ersten Spieler berühren und nicht die gleiche Haltung einnehmen. Im Anschluss werden die Spiegelbilder vervollständigt.

Es kann noch eine weitere Person (bzw. vier Personen) hinzukommen. Wenn mehr als zwölf Personen beteiligt sind, wird es etwas eng.

Jetzt sollen sich die Darsteller gleichzeitig und symmetrisch bewegen. Es hat etwas Magisches an sich, wenn sich alle vier Bilder exakt bewegen. Wieder kann der Lehrer durch Klatschen unterbrechen und eine Sache verändern und die Schüler mithilfe eines Zauberstabes raten lassen.

Punktsymmetrie

Vom Badezimmerspiegel kennen wir die Achsenspiegelung. Es wundert also nicht besonders, dass diese uns leichter als die Spiegelung an einem Punkt fällt. Entsprechend behutsam sollte

man das Neue einführen. Wir stellen uns vor, dass dort, wo die Kreppbänder sich kreuzen, eine Stange steht. Zuerst gehen nur zwei Spieler auf die Bühne. Beide sollen sich so stellen, dass die Stange genau zwischen ihnen ist. Wir stellen uns vor, dass beide Nasenspitzen mit einem Gummiband miteinander verbunden sind, dessen Mitte eine Markierung besitzt. Diese muss sich – egal, was die Spieler tun – immer genau über dem Kreuz (bzw. an unserer gedachten Stange) befinden. Die Spieler können sich beispielsweise aufeinander zubewegen oder im Kreis laufen.

Ist es klar, wo sich die Nasenspitze jeweils befindet, kann man den Körper einbeziehen: Hebt einer den linken Arm, hebt der andere auch den linken. Eben so, dass jeder Punkt durch den Stab seinen Bildpunkt findet.

Wenn die Punktspiegelung eingeführt ist, können drei oder vier Paare auf die Bühne. Wieder kann der Lehrer durch Klatschen unterbrechen und wieder können kleine Fehler eingebaut werden, die die Schüler entdecken sollen. Im Falle der Punktspiegelung ist die Sache natürlich viel schwieriger.

Zwei Achsenspiegelungen ergeben eine Punktspiegelung

Man kann mithilfe des Achsenkreuzes sehr gut zeigen, dass eine Hintereinanderausführung zweier Achsenspiegelungen eine Punktspiegelung ergibt.

Hierzu stellt sich ein Schüler in einem Quadranten unsymmetrisch auf, indem er zum Beispiel einen Arm in die Hüfte stemmt und den anderen hängen lässt. Dieser Schüler wird von einem Freiwilligen an einer der beiden Achsen gespiegelt. Nun wird das soeben erzeugte Spiegelbild von einem weiteren Freiwilligen an der anderen Achse gespiegelt. Durch zwei Achsenspiegelungen ist so eine Punktspiegelung entstanden.

EXKURS

Einige (theater)didaktische Bemerkungen

Das Wunderbare an diesen Übungen ist neben dem eigenen Erleben und Beobachten vor allem die Dynamik. Es ist unmöglich, Symmetrien an der Tafel lebendig werden zu lassen. Aufgeschriebene Dinge bleiben statisch! Auch dieses Buch zeigt nur die statische Seite der Übungen. Es lassen sich viele Dinge wesentlich einfacher in Bewegung zeigen. So kann beispielsweise der Lehrer den Arm des »Originals« verändern – und die Beobachter sehen unmittelbar die Folge. Schülerfragen lassen sich anschaulich und experimentell ohne Aufwand beantworten. Statt »Wenn man jetzt dies oder das tun würde, würde dieses oder jenes passieren« ist die unmittelbare Umsetzung möglich.

Es gibt bei dieser Art von Übungen sehr viele Alternativen. Je nach Gruppe und eigenen Vorlieben wird man etwas anders vorgehen. Wenn wir hier alle Möglichkeiten ausloten würden, wäre dieses Buch viel dicker – und vermutlich auch langweilig.

Blau nach rechts, Rot nach links

Die Schüler stehen in einem Kreis und halten die Augen geschlossen. Der Lehrer geht herum und klebt jedem einen Punkt auf die Stirn. Die Aufgabenstellung ist einfach: Sortiert euch nach der Farbe! Während die Schüler noch »blind« sind, werden die Spielregeln erklärt:

- Keiner darf in irgendeine Form von Spiegel schauen. Der Blick in Fensterscheiben, Brillengläser, Handy-Displays ist also verboten.
- Es darf keinem Mitschüler (auf irgendeine Art und Weise) die Farbe seines Punktes mitgeteilt werden.

Dann dürfen die Schüler die Augen öffnen. Es ist nicht erforderlich, aber hilfreich, die Übung schweigend zu beginnen. Ohne Reden sollen die Roten und die Blauen zueinanderfinden. Ist dann der Spielablauf klar, darf wieder geredet werden. Eine mögliche Lösung: Alle Schüler gehen auf

eine Seite des Klassenzimmers, sodass ein freier Raum entsteht. Der erste Freiwillige, der diesen Raum betritt, kann noch nichts falsch machen. Wir wollen annehmen, dass er einen blauen Punkt auf der Stirn hat. Es folgt ein zweiter Freiwilliger. Auch dessen Punktfarbe ist egal, wir wollen annehmen, dass er einen roten Punkt hat.

Für den Nächsten gibt es drei mögliche Positionen: Er kann sich zwischen die beiden stellen oder links oder rechts. Strategisch richtig ist die Mitte, denn wenn er sich zwischen die beiden Farben stellt, wird ein Nachbar seine Farbe besitzen, auch wenn er im Moment, seine eigene noch nicht kennt. (Hatten die beiden ersten Spieler gleichfarbige Punkte, stellt er sich rechts oder links von ihnen auf.)

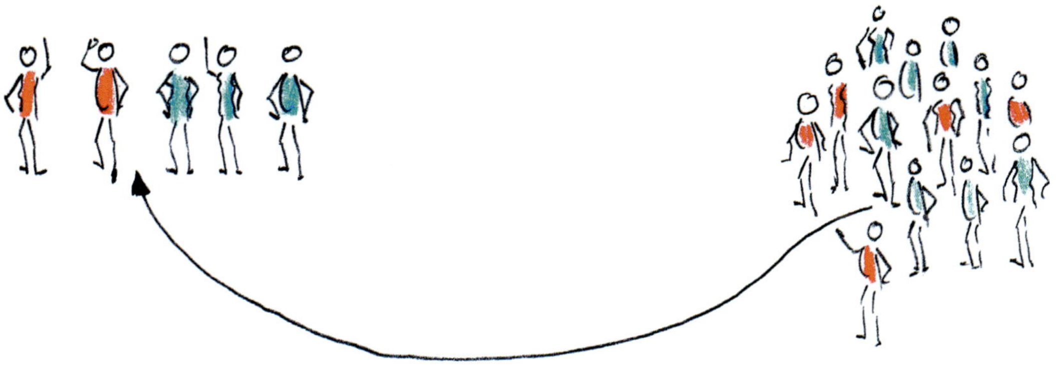

Die Überlegung gilt für jeden weiteren Schritt: Stets stellt sich der Nachfolger zwischen den beiden Farben auf. Die Sortierung geschieht also über die Mitte.

Da der jeweils aktuelle Spieler seine Farbe nicht kennt, muss sich ganz zum Schluss ein Spieler, der die gleiche Farbe wie der Unwissende hat, ein zweites Mal auf der anderen Seite des letzten Spielers einreihen. Dann steht der Unwissende zwischen zwei gleichen Farben und kennt so seine eigene.

Kommen die Schüler nicht selbst auf die Lösung, kann man ähnlich wie hier beschrieben eingreifen: Bei der Aufklärung wird nicht gesprochen, die Schüler zeigen durch ihr Handeln, ob sie das Kalkül verstanden haben oder nicht. Zuerst gehen zwei Freiwillige nach vorn. Falsch stehen kann man erst ab dem dritten Spieler. Sind die Farben der ersten beiden gleich, muss der Neuankömmling sich links oder rechts von ihnen aufstellen. Beides ist richtig. Wählt er die Mitte, wird er zurückgeschickt, ein anderer darf eine Position versuchen. Haben die ersten beiden Schüler unterschiedliche Farben, muss der Neue ihre Mitte aufsuchen. Es dauert meist mehrere Anläufe, bis klar ist, dass der Nachfolger zwischen Rot und Blau stehen muss.

Rechnen

Rechnen kann mechanisch geschehen: Man weiß einfach, was 4 × 7 ist, ohne es zu verstehen. Man hat es auswendig gelernt. Warum ist 3 + 8 dasselbe wie 8 + 3? »Ist halt so« – man kann es nicht erklären. Dieses Kapitel zeigt, wie sich das ändern lässt.

Alle Beispiele in diesem Kapitel sind konstruktivistisch gedacht. In der ersten Übung konstruiert jeder Schüler eine eigene Aufgabe. In den folgenden Abschnitten wird ein Blick auf die inneren Strukturen von Rechnungen geworfen. Es lernt sich leichter, spannender und nachhaltiger, wenn man das »Warum« versteht. Das Kapitel schließt mit einer Gruppenübung, die das Rechnen mit einer Variablen beinhaltet.

Ziel dieses Kapitels ist es, ein Gefühl für das Wesen der Mathematik zu vermitteln. Es geht weniger um die Begriffe, sondern um die Freude am eigenen Denken.

Das Gehirn in der Streichholzschachtel

Die Schüler fragen sich gegenseitig mit selbst entworfenen Aufgaben ab. Hierzu schreibt jeder eine Rechenaufgabe auf eine Streichholzschachtel und stellt diese einem seiner Mitschüler. Richtig gelöste Aufgaben werden mit der Vergabe von Hölzern belohnt. Im Bild auf dieser Seite sitzt links der *Prüfling* und rechts der *Prüfer*.

»Das Gehirn in der Streichholzschachtel« ist eine handlungsorientierte, interaktive und belohnende Abfragetechnik für Gruppen, die auf fast alle Themen und sogar in anderen Fächern angewendet werden kann.

Umsetzung im Unterricht

Vorbereitung

Pro Schüler wird eine Streichholzschachtel benötigt, die vorn und hinten mit einem weißen Papier beklebt wird.

Dann konstruiert jeder Schüler eine Aufgabe und schreibt diese auf die Vorderseite der Box, entsprechend kommt die Lösung auf die Rückseite. Wenn hierbei Fehler gemacht werden, besteht die Gefahr, dass auch Falsches gelernt wird! Also lieber noch mal nachrechnen.

Jeder Schüler entscheidet für sich, welchen Schwierigkeitsgrad seine Aufgabe besitzt. Nach den Ampelfarben steht grün für eine leichte, gelb für eine mittlere und rot für eine schwere Aufgabe. Die Schachtel wird gemäß dem Schwierigkeitsgrad eingefärbt. Die Abbildung rechts zeigt unseren Schülersatz.

Regeln und Rollenverteilung

Die Streichholzschachtel stellt das Gehirn dar. Als Erstes wird sie geleert. Die Kinder halten al-

Material

für jeden Schüler
- eine Streichholzschachtel
- Streichhölzer
- Papier, Schere, Klebstoff, Stifte für die Beschriftung

so in einer Hand eine leere Schachtel und in der anderen unverpackte Streichhölzer. Diese stellen nur das Materiallager dar, es kommt nicht auf die Anzahl an.

Um Struktur im Gehirn zu erzeugen, müssen Aufgaben bewältigt werden. Hierzu finden sich zwei Schüler zusammen und vereinbaren, wer zuerst Prüfer und wer Prüfling ist.

Im Bild links oben ist im Moment das Mädchen der Prüfer und zeigt seinem Prüfling die Aufgabe. Hat der Prüfling die Aufgabe richtig gemeistert, bekommt er zwei Streichhölzer aus dem Materiallager des Prüfers. Wichtig ist, dass nur der Prüfer Hölzer verteilt. Er allein entscheidet, ob die Antwort zwei Streichhölzer wert ist. Es ist also wie im Leben – der Prüfer bzw. der Lehrer verteilt die Noten.

Wenn der Prüfling lange für eine Aufgabe benötigt oder eine Hilfestellung braucht, bekommt er vielleicht nur ein oder gar kein Streichholz. Ist die Antwort falsch, muss der Prüfling ein Streichholz abgeben. Ein Streichholz wandert also aus der Schachtel heraus ins Materiallager des Prüfers.

Ist die Prüfung vorbei, werden die Rollen gewechselt, und die Situation wird mit vertauschten Rollen nochmals durchgespielt.

Da jeder Schüler eine eigene Aufgabe entwickelt hat, gibt es entsprechend viele Übungsmöglichkeiten. Die Übung dauert je nach Klassenstärke (ohne Vorbereitung) 15 bis 25 Minuten.

Am Ende zählt jeder seine erworbenen Streichhölzer und merkt sich die Zahl, bevor er das Materiallager wieder in die Streichholzschachtel räumt. Wenn die Übung an einem anderen Tag wiederholt wird, kann der Schüler den eigenen Fortschritt erkennen. Damit diese direkte Rückmeldung nicht verloren geht, kann die Zahl auf einen Zettel geschrieben werden und in die Box gelegt werden. Ziel ist es dann, beim nächsten Mal besser abzuschneiden. Diese »personale Bezugsnorm« kennzeichnet den eigenen Lernfortschritt. Das ist hilfreicher, als wenn nur der erfolgreichste Schüler am Ende als Gewinner dasteht. Schließlich geht es um die persönliche Leistungssteigerung bzw. um das persönliche (mathematische) Wachstum.

Didaktischer/pädagogischer Hintergrund

Es handelt sich hier um eine Abfragetechnik, bei der der einzelne Schüler nicht bloßgestellt wird, wenn er eine Aufgabe nicht lösen kann oder wenn er viel Zeit dazu braucht.

Konstruktivistischer Ansatz

Der Schüler stellt selbst eine Aufgabe her und löst danach fremde Aufgaben. Somit wechselt er von der Rolle das *Aufgabenkonstrukteurs* zu der des *Aufgabenlösers*. Das ist ein radikal anderer Ansatz als das Abarbeiten von Aufgaben in einem Schulbuch. Bei der hier beschriebenen Abfragetechnik entscheidet der Schüler über die Art und den Schwierigkeitsgrad seiner Aufgabe; dadurch wird diese aufgewertet. Auch in seiner Rolle als Aufgabenlöser darf der Schüler mitbestimmen. Er muss nicht eine Aufgabenliste abarbeiten, sondern kann selbst den Partner und damit den Schwierigkeitsgrad der Aufgabe beeinflussen.

Rollenwechsel, Tief- und Hochstatus

Der Schüler vollzieht neben dem Rollenwechsel vom *Aufgabenkonstrukteur* zum *Aufgabenlöser* noch einen weiteren Rollenwechsel: Er wird vom *Prüfer* zum *Prüfling*. Zunächst kontrolliert und bewertet er die Antworten, gibt Tipps und Hilfestellungen, in der anderen Rollenverteilung wird er getestet. So hat jeder Schüler zwei Perspektiven auf die Aufgaben, was ein tieferes Verständnis ermöglicht.

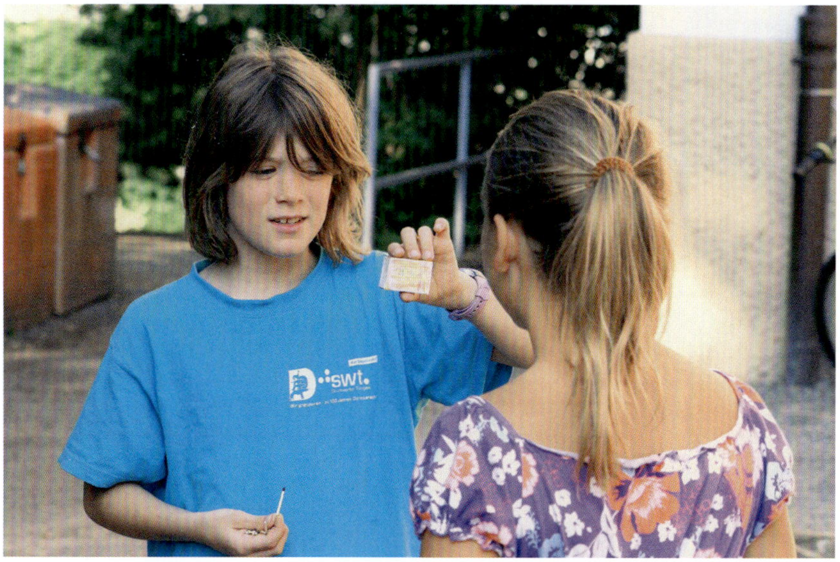

Es gibt eine weitere, pädagogisch-psychologische Dimension des Rollenwechsels, die hauptverantwortlich für die Freude an diesem »Spiel« ist: Der *Prüfer* ist im Hochstatus, er kennt die Lösung, er wartet auf die Antwort und bewertet diese. Der *Prüfling* hingegen ist im Tiefstatus, über ihn wird entschieden, er schuldet die Antwort auf die Frage. Bei dieser Abfrage wird durch den Rollenwechsel auch stets der Status gewechselt. Dieses »Statusspiel« erzeugt die Lust im Spiel. Die Hölzchenvergabe wirkt hier noch materiell unterstützend: Es wird für etwas bezahlt, und natürlich vergibt derjenige die Streichhölzer, der im Hochstatus ist – der Prüfer. Im Unterricht ist für gewöhnlich der Lehrer im Hochstatus und der Schüler im Tiefstatus.

Weiterführende Literatur zum Thema Hoch- und Tiefstatus

Plath, Maike: »Spielend« unterrichten und Kommunikation gestalten – Warum jeder Lehrer ein Schauspieler ist. Beltz, Weinheim und Basel, 2010.

Johnstone, Keith: Theaterspiele: Spontaneität, Improvisation und Theatersport. Alexander, Berlin, Nachdruck 2009.

Binnendifferenzierung – Schwierigkeitsgrad der Aufgaben

Die Schüler entscheiden selbst, ob sie eine leichte, mittlere oder eine als schwer gekennzeichnete Aufgabe lösen wollen. Dabei wird jede Aufgabe, die ohne Hilfestellung gelöst wurde, mit zwei Streichhölzern bewertet – unabhängig vom Schwierigkeitsgrad der Aufgabe. Auch der schwächere Schüler soll – zumindest zu Beginn – gleichberechtigt mitmachen dürfen und auch zwei Streichhölzer bekommen. Wenn er mit den grünen Übungen fertig ist, muss er zwangsläufig die Farbe wechseln … Am besten gestalten Sie selbst eine Schachtel, sodass Sie Teil der ganzen Übung sind. Der Unterricht läuft aber auch ohne Sie weiter.

Belohnung

Wird die Aufgabe richtig gelöst, wird dieses Verhalten unmittelbar durch die Vergabe von Streichhölzern positiv verstärkt. Je kürzer der Abstand zwischen erwünschtem Verhalten (richtiges Lösen der Aufgabe) und der Belohnung ist, desto stärker ist die Wirksamkeit. Man kann auch durch Bestrafung lernen, allerdings lernt der Mensch durch Belohnung besser, daher wird hier mit zwei Streichhölzern positiv verstärkt und nur mit einem bestraft.

Bedeutung von Fehlern

Natürlich ist es nicht gut, wenn auf den Schachteln Rechenfehler vorkommen. Wie schon erwähnt, besteht die Gefahr, dass dann auch Falsches gelernt wird. Aber die Gefahr ist nicht allzu groß! Denn es macht einen riesigen Unterschied, ob *Sie* einen Fehler machen oder ein Schüler. Für die Schüler sind Sie als Mathelehrer quasi allwissend. Der Schüler vertraut Ihnen, weil Sie sein Lehrer sind. Wenn Sie etwas an die Tafel schreiben, dann muss das richtig sein, weil Sie ja so viel mehr wissen. Wenn hingegen ein Schüler etwas Falsches auf seine Schachtel schreibt, dann hat das eine andere Bedeutung: Er ist ja nicht der allwissende Mathelehrer, sondern kann Fehler machen wie jeder andere auch. Wenn zwei das Gleiche tun, dann ist es nicht dasselbe. Es kommt sehr stark auf die Rolle des Handelnden an. Kurz: Wenn ein Schüler eine Aufgabe mit falscher Lösung herstellt, dann ist das keine Katastrophe. Vermutlich wird er sehr bald von seinen Mitschülern korrigiert.

Trotzdem ist es gut, wenn der einzelne Schüler Verantwortung für die Richtigkeit seiner Aufgabe übernimmt. Der Hinweis »Wenn Falsches auf der Box steht, dann wird auch Falsches gelernt!« ist also durchaus sinnvoll.

Bewegendes und emotionales Lernen

Die Schüler bewegen sich bei der Übung, ohne dass die Konzentration verloren geht. Das ist gut für den Kreislauf und die Durchblutung des Gehirns – und als Folge schlafen die Kinder im Unterricht auch nicht ein. Neben diesem physiologischen Effekt gibt es noch einen emotionalen, der in den einzelnen Begegnungen liegt: Jeder Prüfer und jeder Prüfling ist anders.

Unser Gehirn beachtet die gesamte Prüfungssituation. Die Prüfung wird jedes Mal anders erlebt, weil die Begegnung eine andere ist. Wir erinnern uns hinterher leichter an die Aufgabe, wenn wir wissen, *wer* uns diese Aufgabe gestellt hat. Wir können mit dieser Methode auch Fremdwörter, Englischvokabeln oder chemische Formeln lernen. Die Emotion, die wir in der Begegnung erleben, hilft uns, den Lernstoff nachhaltiger abzuspeichern.

Addition und Subtraktion – Stairway to Heaven

Jeder hat schon Treppenstufen gezählt. Jeder. Und ist so den natürlichen Zahlen begegnet: 0, 1, 2, 3 …

Halbe Treppenstufen gibt es nicht – der Bruch ist noch nicht entdeckt. Unten am Eingang wird die Null markiert. Die Sache mit dem Hochsteigen ist hübsch: Wir können prinzipiell immer eine Stufe höher steigen, vielleicht müssen wir anbauen, aber prinzipiell können wir immer weiter gehen, bis ins Aschgraue. Eine Treppe bis in den Himmel. Es ist ein gutes Bild, da sich Unendlich nicht als eine Stufe darstellen lässt. Wenn der Weltraum unbegrenzt ist, kann man immer höher steigen. Unendlich ist irgendetwas, das wir nie erreichen und die Eigenschaft besitzt, größer als alles davor zu sein.

Mit der Treppe lässt sich sehr einfach addieren. Unser Held hat soeben die Höhe fünf.

5 + 2 lässt sich so darstellen, dass er der Nase nach, also vorwärts zwei Stufen höher steigt. Hier lässt sich auch verstehen, warum 3 + 8 dasselbe ist wie 8 + 3. Es ist ja egal, in welcher Reihenfolge man die Treppenstufen hochsteigt. Die Sache mit der Addition ist also eine sehr einfache.

Interessanter ist die Subtraktion. Das Minuszeichen kann unterschiedlich gedeutet werden. Unser Held kann rückwärts von der »Höhe fünf« zwei Stufen heruntersteigen. Als Term sieht das so aus: 5 + (– 2). Es wird also rückwärts gezählt.

Natürlich dreht man sich für gewöhnlich um und geht dann vorwärts die Treppe hinunter. Als Term sieht die Sache dann so aus: 5 – (+ 2).

Nun kommt selbstverständlich in beiden Fällen dasselbe Ergebnis heraus. Im ersten Fall steht das Minus als Vorzeichen. Im zweiten Fall als Operator. Diese doppelte Deutungsmöglichkeit ist sicher einer der Gründe, warum die Minusrechnung schwieriger ist als die Plusrechnung. Aus didaktischer Sicht ist der Unterschied groß: Es sind unterschiedliche Denkweisen.

Wir schreiben 5 – 2, und man kann sich aussuchen, ob das Minus als Operator oder als Vorzeichen gelesen werden soll. Wir Erwachsene haben uns so daran gewöhnt, dass uns vielleicht die Unterscheidung spitzfindig vorkommt. Den Schülern wird man den Unterschied nicht zeigen, aber man wird ihnen die Minusrechnung einfacher beibringen können, wenn man nicht »aus Versehen« die Deutung des Minuszeichen wechselt.

Es gibt noch einen weiteren Grund für die Unterscheidung. 5 – (– 2) lässt sich im Treppenstufenmodell leicht deuten. Unser Held steht auf »Höhe fünf«. Das erste Minus ist ein Operatorzeichen: Er dreht sich also um. Das zweite Minus betrifft das Vorzeichen: Er hat jetzt rückwärts zu gehen. Ergo: Unser Held geht rückwärts zwei Stufen hoch und landet auf der sieben. Er hätte natürlich auch zwei Stufen vorwärts hochgehen können. Jetzt lässt sich die Gleichheit nachvollziehen: 5 – (– 2) = 5 + 2.

Erweiterung und Alternativen

Das Modell lässt sich auf den negativen Zahlenbereich erweitern. Das ist natürlich nicht Gegenstand der Grundschule, aber es ist gut zu wissen, dass das Modell auch hier nicht versagt und unser Held auch in den Keller gehen kann. Am besten füllt man den Keller noch mit Wasser, dann lassen sich die negativen Zahlen tatsächlich als Tiefe deuten. Auch Brüche können mithilfe von Zwischenstufen eingeführt werden.

Statt einer Treppe kann man mit einer Schnur einen Zahlenstrahl abstecken. Wenn man hier als Abstand zweier Zahlen einen Meter nimmt, entwickelt sich zusätzlich noch ein Gefühl für Größen.

Das Einmaleins in der Fläche

Material

- Overhead-Projektor oder interaktives Whiteboard

Wer das Einmaleins beherrschen möchte, muss 100 verschiedene Aufgaben lernen! Manche sind sehr einfach, andere schwierig. Manche sind so leicht, dass man sie gar nicht lernen muss. Zum Beispiel 1 × 3 oder 5 × 1.

Für *Das Einmaleins in der Fläche* bekommt jedes Kind ein Blatt mit der unten abgebildeten 10 × 10-Matrix. Es hilft, wenn eine Kopie mittels einer Folie bzw. am interaktiven Whiteboard gezeigt wird. Die Darstellung ist sehr ausführlich, im Unterricht dauerte die Sequenz nur fünfzehn Minuten.

1	2	3	4	5	6	7	8	9	10
2									
3									
4									
5									
6									
7									
8									
9									
10									

Jedes Kästchen stellt eine Aufgabe im kleinen Einmaleins dar. 19 Lösungen der allereinfachsten Aufgaben sind schon ausgefüllt.

1	2	3	4	5	6	7	8	9	10
2									
3									
4									
5									
6									
7						49			
8									
9									
10									

1	2	3	4	5	6	7	8	9	10
2	4								
3		9							
4			16						
5				25					
6					36				
7						49			
8							64		
9								81	
10									100

Zuerst rechnen wir 7 × 7. Die Zahl 49 wird in das entsprechende Kästchen eingetragen: 7 × 7 ist nichts anderes als die markierte Fläche (Abb. links auf dieser Seite). Und diese ist ein Quadrat, darum ist 49 eine Quadratzahl. Die Schüler zählen nach: 49 Kästchen sind es. Mit den anderen Quadratzahlen verhält es sich genauso. Das sind mit die wichtigsten Aufgaben im kleinen Einmaleins. Wir tragen also auch die anderen Quadratzahlen mit roter Farbe ein (Abb. rechts auf dieser Seite).

Alle Aufgaben (Produkte) lassen sich durch eine Fläche darstellen. Im Bild links oben auf Seite 75 ist das Beispiel 4 × 7 dargestellt. Es ergibt sich ein Rechteck, man könnte diese Zahlen also Rechteckzahlen nennen. Die Kinder zählen die einzelnen Kästchen ab und kommen auf 28. Am besten zählt man die vier Reihen zusammen, also 7 + 7 + 7 + 7.

Als Nächstes bestimmen wir 7 × 4 (rechtes Bild) und zählen dazu wieder Kästchen ab, also diesmal 4 + 4 + 4 + 4 + 4 + 4 + 4. Und wieder erhalten wir 28. Warum ist 7 × 4 dasselbe wie 4 × 7? Muss man das einfach akzeptieren oder lässt sich das anschaulich verstehen? Warum spielt die Reihenfolge bei der Malrechnung keine Rolle?

Die Antwort ist, dass es sich in beiden Fällen um denselben Flächeninhalt dreht. Wir können das so deuten, dass der Unterschied der Aufgaben von 7 × 4 und 4 × 7 darin besteht, dass wir das Rechteck gedreht haben. Auf diese Weise lässt sich die Gleichung 7 × 4 = 4 × 7 verstehen: Wir blicken von zwei verschiedenen Seiten auf dieselbe Fläche. Jeder Schüler sucht sich eine

1	2	3	4	5	6	7	8	9	10
2	4								
3		9							
4			16			28			
5				25					
6					36				
7						49			
8							64		
9								81	
10									100

1	2	3	4	5	6	7	8	9	10
2	4								
3		9							
4			16						
5				25					
6					36				
7			28			49			
8							64		
9								81	
10									100

neue Aufgabe und kontrolliert die Gleichheit. Während die Plus-und-Minus-Rechnung sich bereits durch Vorwärts- und Rückwärtslaufen auf einem Zahlenstrahl erklären lässt, benötigt die Malrechnung die Fläche zur Veranschaulichung, also eine Dimension mehr.

Wer eingesehen hat, dass die Reihenfolge bei der Malrechnung keine Rolle spielt, kann knapp die Hälfte der Aufgaben bzw. Kästchen im Einmaleins wegstreichen. Alle Ergebnisse der Aufgaben spiegeln sich an der Diagonalen der Quadratzahlen. Deswegen kann man die untere Hälfte streichen (Abbildung rechts). Durch das Streichen gehen die einzelnen Reihen nicht verloren, sie knicken an den Quadratzahlen ab. Rechts ist als Beispiel die Fünferreihe (grün) dargestellt.

1	2	3	4	5	6	7	8	9	10
2	4			10					
3		9		15					
4			16	20		28			
5				25	30	35	40	45	50
6					36				
7						49			
8							64		
9								81	
10									100

1	2	3	4	5	6	7	8	9	10
2	4								
3		9							
4			16						
5				25					50
6					36				
7						49			
8							64		
9								81	
10									100

1	2	3	4	5	6	7	8	9	10
2	4	6	8	10	12	14	16	18	20
3	6	9	12	15	18	21	24	27	30
4	8	12	16	20	24	28	32	36	40
5	10	15	20	25	30	35	40	45	50
6	12	18	24	30	36	42	48	54	60
7	14	21	28	35	42	49	56	63	70
8	16	24	32	40	48	56	64	72	80
9	18	27	36	45	54	63	72	81	90
10	20	30	40	50	60	70	80	90	100

Die sehr einfache Einerreihe und die Zehnerreihe müssen auch nicht gelernt werden (Abb. links).

Im nächsten Bild rechts sind zusätzlich die Zweier- und die Fünferreihe gestrichen worden, da diese einfach sind. Ebenso die Rechnungen mit Zahlen kleiner als 5, wie zum Beispiel 2 × 3.

Nun bleibt nur noch ein Bruchteil an Aufgaben, die gelernt werden müssen. Die Neunerreihe lässt sich ebenfalls leicht finden, indem man mit dem Finger von der Zehnerreihe ein Kästchen nach links rückt. (Auf Seite 82 wird ein weiterer Zusammenhang gezeigt, der noch leichter zu merken ist.) Wenn man also die Neunerreihe streicht, haben wir die 100 Aufgaben auf 12 reduziert! Zum Lernen ist das doch viel sympathischer.

Alternative/Erweiterung

Man kann dieses Schema in groß auf den Schulhof aufzeichnen, sodass die Schüler auf den einzelnen Feldern Position beziehen können. Die Ergebnisse können dann mit Tafelkreide eingetragen werden, bis der nächste Regen kommt.

Quadratzahlen

Quadratzahlen konstruieren

Mit dem Zeigefinger bewegen wir uns in dem quadratischen Zahlenschema des Einmaleins. Ziel ist es, Strukturen zu erfahren. Wenn ich die Fünferreihe mit dem Finger entlanggehe, kommt mit jedem »Schritt« eine Fünf hinzu. 9 × 7 rechne ich, indem ich mit dem Finger auf das Feld 10 × 7 zeige und dann einen Schritt nach links gehe und damit sieben abziehe.

Das Beherrschen des Einmaleins glückt viel leichter mit einem Verständnis für die Zusammenhänge. Je besser man sich in der Matrix bewegen kann, desto stärker und tiefer das Verständnis.

1 ist eine Quadratzahl, das ist einfach.

1 + 3 ist 4, also auch eine Quadratzahl.

1 + 3 + 5 ist schon wieder eine Quadratzahl.

1	2	3	4	5	6	7	8	9	10
2									
3									
4									
5									
6									
7									
8									
9									
10									

Ist das immer so? Es ist immer so! Die obere Abbildung zeigt, warum: 1 ist eine Quadratzahl. Für die nächste Quadratzahl benötigt man drei weitere Felder. Jetzt haben wir das Zweierquadrat. Um auf das Dreierquadrat zu kommen, müssen wir 5 hinzunehmen. Man erkennt das System: Es müssen immer die beiden Seiten dazukommen und dann noch das fehlende Eckfeld.

Links und rechts der Quadratzahlen

Die blau eingefärbten Felder in der Abbildung rechts sind stets eins kleiner als die diagonal angrenzende Quadratzahl. Auch das lässt sich gut mit Flächen erklären: Nehmen wir als Beispiel die 25. Das ist ein Quadrat mit der Seitenlänge von fünf.

1	2	3	4	5	6	7	8	9	10
2	4	6	8	10	12	14	16	18	20
3	6	9	12	15	18	21	24	27	30
4	8	12	16	20	24	28	32	36	40
5	10	15	20	25	30	35	40	45	50
6	12	18	24	30	36	42	48	54	60
7	14	21	28	35	42	49	56	63	70
8	16	24	32	40	48	56	64	72	80
9	18	27	36	45	54	63	72	81	90
10	20	30	40	50	60	70	80	90	100

Material

für jeden Schüler
- Schere
- Papier, Stift und Lineal
- *oder:* vorbereitetes Rechenquadrat, vom Lehrer kopiert

Jeder schneidet sich ein Quadrat aus dem Schema aus. Die Seite des Quadrates sollte mindestens zwei sein, ab drei ist es einfacher. Dann wird die Anzahl der Kästchen bestimmt, also die Quadratzahl. Im Beispiel sind es 25.

Jetzt wird eine Seite um eine Kästchenlänge gekürzt, also ein Streifen abgeschnitten. Wenn dieser an der entstandenen kurzen Seite angelegt wird, erhält man kein Rechteck: Es bleibt ein Kästchen übrig. Und abhängig davon, welches Quadrat zu Beginn gewählt wurde, eines bleibt übrig.

Das Quadrat enthält 5 × 5 Kästchen. Das entstandene Rechteck 4 × 6 Kästchen – eines ist übrig. Das Rechteck ist also immer um genau ein Kästchen kleiner und deswegen sind auch in dem Zahlenschema des Einmaleins die blauen Kästchen immer um eins kleiner. Wenn man die Quadratzahlen kennt, kann man die Zahlen der blauen Kästchen einfach berechnen, indem man 1 abzieht. Ein Beispiel: Auch 6 × 8 ist 1 weniger als 7 × 7, also 48.

Didaktischer Hintergrund

Natürlich geht es hier nicht in erster Linie um die Berechnung von 6 × 8. Wenn es nur um das Ergebnis ginge, könnte man auch 5 × 8 + 8 rechnen. Es geht vielmehr um ein tieferes Verständnis von Zahlen und die Deutung der Fläche als Produkt. In höheren Klassen werden die Schüler den binomischen Formeln begegnen:

$$(a+b)^2 = a^2 + 2ab + b^2$$
$$(a-b)^2 = a^2 - 2ab + b^2$$
$$(a+b)\,(a-b) = a^2 - b^2$$

Und alle binomischen Formeln lassen sich recht einfach mit Flächen geometrisch interpretieren. Das auf S. 80 gezeigte Beispiel ist eine Anwendung der dritten binomischen Formel:

$$\underbrace{(5+1)}_{6}\,\underbrace{(5-1)}_{4} = 5^2 - 1^2.$$

In dem Spiel mit der Fläche steckt also mehr an Mathematik, als man im ersten Moment vielleicht denkt.

Zehner- und andere Systeme

Material

- Kreide oder Kreppband

Null ist nicht nichts. Im Gegenteil. Die Idee, dem »nicht Vorhandenen« einen Namen zu geben, ermöglicht erst unser Zahlensystem. Ohne die Null könnte man Zahlen wie 101, 1001 oder 1010 nicht auseinanderhalten.

Unser Zahlensystem ist dem römischen weit überlegen. Das beginnt schon beim Aufschreiben großer Zahlen. Null ist eben nicht nichts.

Auf dem Boden werden mit Kreppband oder mit Kreide vier große Quadrate gezeichnet und die entsprechend dem Zehnersystem beschriftet: EINER, ZEHNER, HUNDERTER, TAUSENDER. Jeder Schüler stellt den Wert »eins« dar:

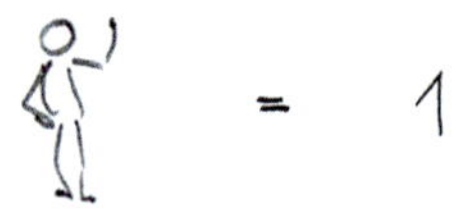

Für die Ziffer 2 muss sich also eine Zweiergruppe bilden, für die Ziffer 3 eine Dreiergruppe usw.

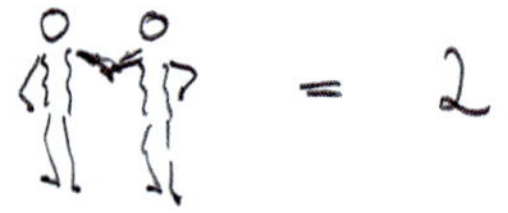

Abzählen der Klasse

In unserem Zahlensystem kommt es nicht auf die Ziffern allein an, sondern ebenso auf den *Ort*, an dem die Ziffern stehen. So ist 104 eine andere Zahl als 401. Wenn man das System verstanden hat, ist das völlig logisch. Aber eben erst dann. Die räumliche Umsetzung hilft, das System zu verstehen.

Zuerst stellt sich ein Schüler auf die Einerposition, hier ist er gerade mal »eins« wert. Rückt er auf die Zehnerposition, hat sich sein Wert verzehnfacht. Wieder ein Schritt weiter, ist er wieder zehnmal gewichtiger. Diesen Sprung vom Zehner- zum Hunderterfeld zeigt der rote Pfeil in der Abbildung unten mit den blauen Männchen. Wenn die Bedeutung der Position klar ist, geht Schüler für Schüler auf das Einerfeld. Man könnte endlos so weitermachen, wenn genügend Platz im Einerfeld wäre.

Aus Platzgründen wird vereinbart: Bei neun ist Schluss. Wenn ein Zehnter hinzukommt, werden alle gegen einen eingetauscht, der auf dem Zehnerfeld stehen darf (Abbildung ganz unten).

Es gibt keinen mathematischen Grund, diesen Tausch immer bei zehn durchzuführen. Aber wenn man es so macht, dann nennt man es ein *Zehnersystem*. Wenn der Übertrag bei fünf stattfindet, heißt es entsprechend *Fünfersystem*. Es kommt mit den Ziffern 0, 1, 2, 3 und 4 aus. In diesem System bedeutet also 1234 nicht *ein-*

tausendzweihundertundvierunddreißig, sondern – in unser Zehnersystem übersetzt – *hundertvierundneunzig* ($1 \times 5 \times 5 \times 5 + 2 \times 5 \times 5 + 3 \times 5 + 4 = 1 \times 125 + 2 \times 25 + 3 \times 5 + 4 = 194$).

Für einen Neuling ist es also nicht schwerer, das Fünfer-System zu lernen, als das Zehner-System.

Zahlen erkennen

Die Klasse wird in zwei Gruppen geteilt. Die Zuschauergruppe bestimmt eine Zahl, zum Beispiel 3042. Aufgabe der anderen Gruppe ist, entsprechend Stellung auf den vier verschiedenen Feldern zu beziehen. Die Übung klappt und wirkt in Stille wesentlich besser.

Wenn die Zuschauer (im Bild unten blau) der Ansicht sind, dass die Zahl richtig dargestellt wurde, dann klatschen sie Beifall und erlösen damit die »Ziffern« (im Bild unten rot). Danach geben die anderen eine Zahl vor.

Erweiterung

Man kann die Übung auf andere Zahlensysteme ausweiten. Die Felder werden entsprechend beschriftet. Die Zuschauer geben eine Zahl im Dezimalsystem vor, die dann zum Beispiel im Fünfersystem gestellt werden soll. Zum Beispiel wird die Zahl zwölf so dargestellt: 22.

Für das binäre System reichen als Felder Stühle aus, da in diesem Fall höchstens ein Schüler auf dem Stuhl stehen muss.

Didaktische Bemerkung

Die Schüler sind hier abwechselnd Aufgabensteller bzw. -erfinder und -löser. Wenn nicht gesprochen wird, ist die Übung viel stärker: erstens, weil nur *ein* Schüler falsch stehen muss, damit eine andere Zahl herauskommt und so *jeder* mitdenken muss, und zweitens, weil es so eine gruppendynamische Übung wird: Wenn Stille herrscht, kann keiner allein Regie führen und die anderen auf ihre Plätze verweisen.

Die Neunerreihe im kleinen Einmaleins

Für die Neunerreihe gibt es einen hübschen Fingertrick: Möchte man zum Beispiel 3 × 9 berechnen, legt man beide Hände nebeneinander und knickt den dritten Finger ein:
Links stehen wie im Zahlensystem die Zehner. Hier sind es zwei. Rechts zählt man sieben Einer. Also ist das Ergebnis 27. Das klappt vom ersten bis zum zehnten Finger!

Wir können das verstehen, wenn wir die Neunerreihe mit den Positionsfeldern nachspielen: Neun Schüler gehen auf die Einerposition, gleichzeitig knicken alle Kinder den ersten Finger ein. 1 × 9 lässt sich problemlos verstehen. Jetzt kommen neun weitere hinzu, aber schrittweise. Zuerst kommt einer, damit stehen zehn Schüler auf der Einerposition, was nicht möglich ist, also werden alle zehn *Einer* gegen einen *Zehner* eingetauscht. Jetzt fehlen noch die acht, die auf der Einerposition Platz finden. Wir stellen auch das mit den Fingern nach.

Es ist klar: Um neun *Einer* hinzuzufügen, kann man immer einen *Zehner* hinzufügen und einen *Einer* wegnehmen. So lässt sich die Neunerreihe verstehen: Die *Zehner* wachsen stets um eins an und die *Einer* werden stets um eins kleiner.

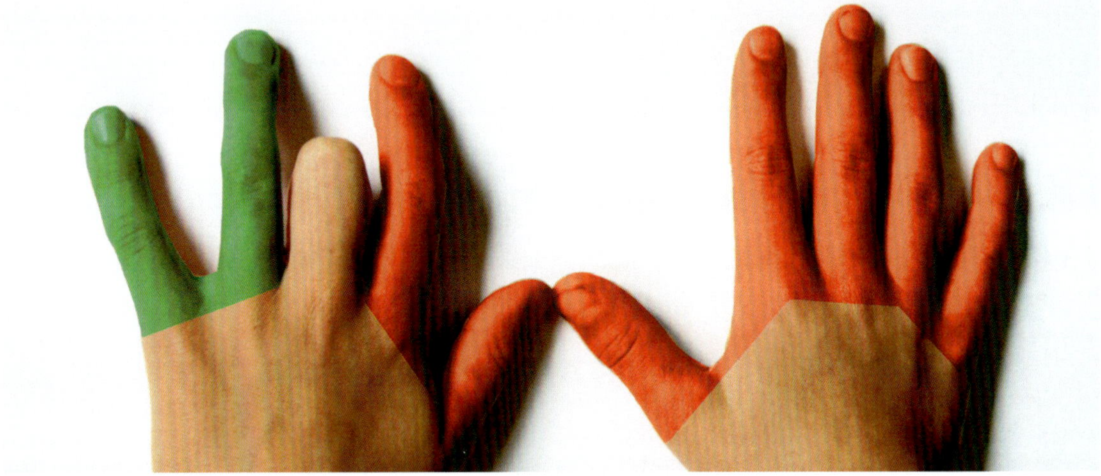

Schriftliches Addieren

Die Schwierigkeit beim Addieren liegt im *Übertrag.* Folgende Übung zeigt das (Rechen-)System recht anschaulich. Es gibt zwei Gruppen, jede stellt eine Zahl dar. Im Beispiel sollen die Zahlen 1476 und 2548 zusammengezählt werden. Zwischen den beiden Gruppen liegen die Stellenfelder.

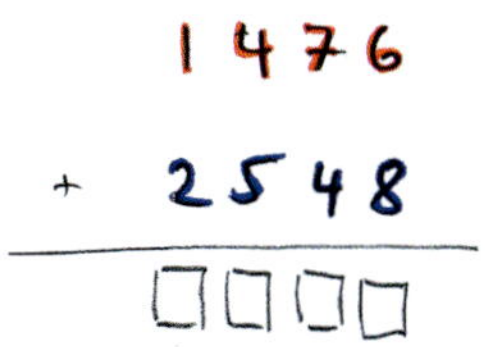

Ablauf

Zunächst gibt der Lehrer Rechnungen ohne Übertrag vor, zum Beispiel 1524 und 2313. Beide Zahlen stellen sich wieder zu je einer Seite der Stellenfelder auf.

Jetzt wird zusammengezählt: Die Schüler treffen sich auf ihrem jeweiligen Stellenfeld. Da auf keinem Feld mehr als neun Personen stehen, es also keinen Übertrag gibt, geht es leicht. Jetzt geben Schüler *einfache* Rechnungen vor, so lange, bis jeder den Grund für die Einfachheit verstanden hat.

Wenn sich bisher keine Aufgabe mit Übertrag ergeben hat, kann der Lehrer eine vorgeben (z. B. die rechts dargestellte 1476 + 2548). Dann zieht er sich vom Spielfeld zurück. Die Schüler haben die Aufgabe, die Summe zu bilden beziehungsweise zu stellen.

Didaktische Bemerkung

Wir wissen natürlich, dass es clever ist, die Aufgabe von rechts nach links zu meistern: Erst kommen die Einer dran. In unserem Beispiel 1476 +2548 also 6 + 8 = 14. Also bleiben vier Schüler stehen und die restlichen zehn werden eingetauscht. Und dann verfährt man weiter mit den Zehnern, dann mit den Hundertern und schließlich mit den Tausendern.

Für den Schüler ist dieses Vorgehen noch nicht klar. Er könnte genauso gut bei mit den einfacheren Tausendern beginnen. In diesem Fall wird die Tausenderstelle später durch Überträge verändert.

Es braucht Zeit, die Systematik zu begreifen. Und wenn ich ehrlich bin, habe ich es immer so gemacht, weil es mir gezeigt wurde. Dass es der einfachste Weg ist, von »hinten« anzufangen, habe ich erst viel später verstanden. Wird das strukturell verstanden, wird aus dem Rechnen Mathematik.

Natürlich kann und wird der Lehrer Hilfestellung leisten, wenn die Schüler nicht mehr weiterkommen. Aber er sollte es nicht gleich tun. Systematisches Wissen kann nicht übertragen werden, es muss stets neu geschaffen werden. Und eine zu früh gegebene Hilfe kann einen Lernfortschritt verhindern.

Wenn die Schüler schimpfen, es sei »unlogisch«, von »hinten« anzufangen, hilft vielleicht der Verweis auf Herkunft unseres Zahlensystems: Es kommt aus dem Arabischen. Und im Arabischen wird von rechts nach links geschrieben. Im Arabischen entspricht also die einfachste, »richtige« Rechenrichtung der Schreibrichtung. Deswegen stehen Zahlen unterschiedlicher Länge für das Addieren im Arabischen, anders als bei uns, auch gleich stellenrichtig untereinander.

Eine schöne Aha-Erfahrung – weil die Schüler merken, dass implizite Annahmen (wir rechnen so, wie wir schreiben) eben nicht selbstverständlich sind. Eine gute Gelegenheit zum Perspektivwechsel, der das Lernen erleichtern kann.

Erweiterung

Auch die Addition lässt sich in verschiedenen Zahlensystemen durchführen.

Erwünschter Nebeneffekt: Wenn der Lehrer das für ein anderes Zahlensystem lernt, nimmt er wieder die Schülerrolle ein. Er ist das Zehnersystem so gewöhnt, dass er das Wissen wieder neu konstruieren muss.

Streichhölzer verstecken, Gleichungen lösen

Material

- Streichholzschachteln
- Streichhölzer

Auf beiden Seiten des Stiftes befinden sich gleich viele Streichhölzer. Dabei ist jede Box mit genau derselben Menge an Streichhölzern bestückt. Wie viele Hölzer befinden sich in einer Box?

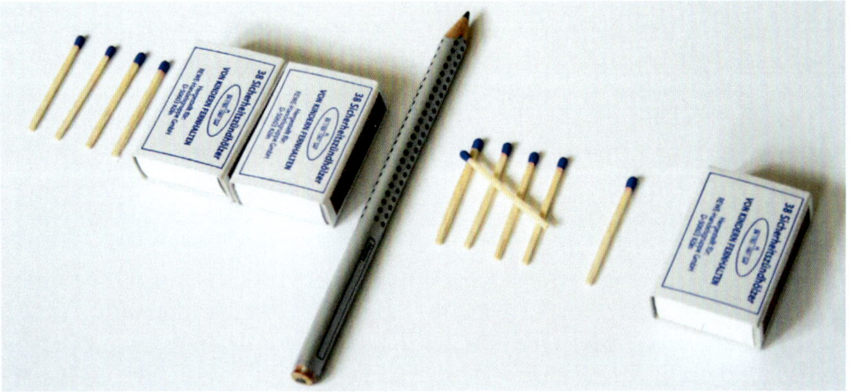

Es sind zwei Hölzer in jeder Box.

Dem Leser ist klar: Es geht um Gleichungen, Zahlen, Variablen, Äquivalenzumformungen und Lösungsmengen. Der Stift stellt das Gleichheitszeichen dar, die Schachteln die Variablen, der Inhalt einer Schachtel die Lösungsmenge, und die Hölzer, die offen daliegen, stellen Zahlen dar. Aber für die Schüler spielen die Bezeichnungen noch keine Rolle.

Umsetzung im Unterricht

Ein Freiwilliger stellt eine Balkenwaage dar, indem er beide Arme zur Seite streckt und die Handflächen (Waagschalen) nach oben richtet. Wir legen ein Streichholz in eine Hand: Sofort senkt sich der zugehörige Arm nach unten, während der andere nach oben steigt. Ein weiteres Streichholz wird in die andere Hand gelegt, die Waage ist wieder ausgeglichen. Unsere Waage reagiert nur auf Streichhölzer, leere Schachteln erzielen keine Wirkung.

Ein paar Minuten lang können die Schüler sich mit dem Prinzip vertraut machen: Einer ist die Waage, der andere legt und entfernt Hölzer aus der Waagschale. Wir beginnen mit leeren Waagschalen. In die linke Waagschale (linke Hand) sollen zwischen ein und drei Hölzer gelegt werden. Dieser Arm geht runter. Jetzt wird das Gleichgewicht wiederhergestellt, indem auf der anderen Seite dieselbe Anzahl Hölzer hinzugelegt wird. Werden auf beiden Seiten gleich viele Hölzer dazugelegt oder weggenommen, ändert sich die Armhaltung nicht. Ebenso kann auf beiden Seiten die Anzahl von Hölzern verdoppelt oder halbiert werden, ohne dass die Waage nach einer Seite ausschlägt.

Wir versammeln uns in der Mitte des Klassenzimmers um einen Tisch herum. Der Schüler, der die Waage dargestellt hat, holt einen Stift, der jetzt auf dem Tisch die Waage darstellt. Dann soll ein Schüler dieselbe Anzahl Hölzer auf jede Seite legen (zwischen fünf und zehn Stück).

Ein weiterer Schüler darf nun einige der bereits gelegten Hölzer in einer leeren Schachtel verstecken, das heißt, die Hölzer bleiben auf derselben Seite liegen und verschwinden in der Box. Auch hier kann der Lehrer eine ungefähre Anzahl (z. B. ein bis vier Hölzer) vorgeben. Ein weiterer Schüler darf weitere leere Schachteln auf die gleiche Weise füllen. Die Anzahl der gefüllten Schachteln ist unerheblich, wichtig ist nur, dass pro Box gleich viele Hölzer versteckt werden und dass alle Hölzer aus dem »Bestand« einer Seite kommen. Das Ergebnis könnte ungefähr so wie das Bild am Anfang des Abschnittes aussehen.

Nachdem jeder gesehen hat, wie das Rätsel gestellt wurde, drehen sich alle Schüler um und schließen die Augen. In dieser Zeit legt der Lehrer eine neue Aufgabe. Wer spickt, hat sich um den Spaß am Lösen gebracht. Wenn man das zuvor sagt, macht es auch niemand.

Still drehen sich die Schüler um. Jeder versucht, für sich die Anzahl der Hölzer in einer Schachtel herauszufinden. Wer die Lösung hat, verschränkt zum Zeichen seine Arme. Sind fast alle Arme verschränkt, wird die Lösung Schritt für Schritt haptisch nachvollzogen – möglichst von einem Schüler, der nicht von selbst auf die Lösung gekommen ist.

Erlaubt ist alles, was die Waage im Gleichgewicht lässt: Es dürfen also auf beiden Seiten gleich viele Hölzer *oder* Schachteln hinzugelegt oder weggenommen werden. Ebenso kann die Anzahl der Schachteln *und* Hölzer halbiert oder verdoppelt, gedrittelt oder verdreifacht werden. Die Operation sollte nicht zu schwer sein, weil Halbieren und Dritteln im Grunde ja Bruchrechnen sind.

Nach diesem ersten, einführenden Durchgang gehen die Schüler in kleinen Gruppen (zwei bis vier Schüler) an einen Tisch im Raum und bauen eine Aufgabe auf. Wenn sie fertig sind, geht die ganze Gruppe zu einem anderen Tisch und löst eine fremde Aufgabe. Wenn die Schüler bisher noch wenig Erfahrung mit Gruppenarbeit gemacht haben, kann alternativ auch ein Schüler in der Gruppe eine Aufgabe aufbauen, während die anderen unter dem Tisch warten. Ist die Aufgabe richtig gelöst worden, stellt der Nächste eine neue Aufgabe.

Nachmachen ist nicht unbedingt etwas Schlechtes. Problematisch wird es dann, wenn das Vorbild Fehler macht – die werden mitgelernt.

Bedeutung von Fehlern

Wenn zwei das Gleiche tun, ist es noch lange nicht dasselbe. Das gilt vor allem für Fehler. Wenn Sie als Lehrer – als Vorbild, als mathematischer Profi – einen Fehler machen, hat das eine ganz andere Bedeutung, als wenn das einem Schüler passiert. Es kann immer passieren, dass einer Schülergruppe ein Fehler unterläuft. Die

Didaktische Hintergründe

Für diese Übung gibt es ganz unterschiedliche didaktische Hintergründe, eine Auswahl wird hier beleuchtet. Wenn man die Hintergründe kennt, läuft das Unterrichten meist besser, darum soll an diesem Beispiel näher darauf eingegangen werden.

Frühere Vorstellungen von Lernen gingen davon aus, dass der Kopf des Schülers ein Gefäß ist, in das man mit genügend Übung den Stoff einfüllen oder einpressen kann. Die Formel der Wissensvermittlung lautete »Üben, üben, üben« (und wenn es dann immer noch nicht saß: Bitte weiterüben). Das sprichwörtliche Bild dazu ist der Nürnberger Trichter.

Eine zweite Vorstellung ist das abbildende Lernverständnis: Der Lehrer zeichnet dabei den Stoff so exakt wie möglich vor. Wenn der Stoff nur genügend scharf vorgezeichnet wird, so die Idee, kann der Schüler die Kopie in sich aufnehmen. Dieses Lernverständnis entspricht dem Modelllernen: Das Kleinkind lernt (vor allem in sehr jungen Jahren) am effektivsten durch die Kopie. Es macht einfach alles nach, was Vater und Mutter tun, und schaut deren Verhaltensmuster ab.

anderen können wie überall im Leben nicht davon ausgehen, dass alles richtig ist. Dass Schüler Fehler machen, ist natürlich und entspricht der wissenschaftlichen Herangehensweise von Trial and Error. Die Lehrerin meines Sohnes spricht von Lernpotenzialen. Wer auch immer den Tintenkiller oder das Tipp-Ex erfunden hat: Der Versuch, Fehler ungeschehen zu machen, ist für das Lernen wenig hilreich.

Konstruktivismus

Bei diesem Beispiel lässt sich das konstruktivistische Vorgehen sehr deutlich aufzeigen. In früheren Zeiten erklärte der Lehrer etwas an der Tafel und stellte eine sehr leichte Aufgabe. Dann wurden weitere Aufgaben gestellt, die immer schwieriger und schwieriger wurden.

Bei den Streichholzgleichungen ist die Vorgehensweise radikal anders. Die Schüler konstruieren die Aufgabe selbst. Um sie konstruieren zu können, müssen sie die dahinterliegenden Prinzipien kennen. Deswegen wissen sie, wie die Sache funktioniert.

Rollenwechsel

Die Schüler sind nicht nur Konstrukteure von Wissen, sondern müssen sich im nächsten Schritt auch in fremde Aufgaben hineindenken und diese lösen. Wie schon bei »Das Gehirn in der Streichholzschachtel« (Seite 64) gilt: Sie sind damit sowohl »Lehrer« als »Schüler«.

Gleichzeitigkeit von Handeln und Denken

Die Hölzer und Schachteln entsprechen Zahlen und Variablen. Ebenso entspricht jedes Vereinfachen der gelegten Streichholzaufgabe einer Vereinfachung der entsprechenden Gleichung. Der Schüler denkt und handelt gleichzeitig, mit anderen Worten: Das Denken wird gleichzeitig materiell, mithilfe der Hölzer und Schachteln, vollzogen. Wenn Dinge gleichzeitig geschehen, werden sie automatisch miteinander in Verbindung gebracht. Das ist bei dieser Übung ebenso: Das Kind lernt auf (mindestens) zwei Kanälen Gleiches. Dadurch ist diese Übung viel stärker und nachhaltiger als das Aufgabenlösen im Schulheft. Um dieselbe Rechenkompetenz zu erwerben, müssen deshalb wesentlich weniger Übungsaufgaben gerechnet werden.

Fokus

Es kann per Konstruktion nur positive Lösungen geben. Auch über die ganze Rechnung hinweg wird nie ein »negatives Streichholz« auftauchen.

Motivation und Belohnung

Der Mensch ist ein Belohnungstier. Wenn die Aufgabe richtig gelöst ist, wird eine Box geöffnet. Es ist fast wie beim Adventskalender: Auch hier muss man erst die Zahl suchen und darf dann die Schachtel öffnen. Es bringt Freude, wenn man die Aufgabe richtig gelöst hat und dann die richtige Anzahl an Hölzchen entdeckt.

Labyrinth – globales und lokales Denken

Mit Schnüren und Klebeband wird im Klassenzimmer ein Labyrinth abgespannt: ein unterirdisches Stollensystem, in dem wir uns ohne Licht zurechtfinden sollen.

Die Wege sollen blind erkundet und in einem anderen Raum sehend aufgezeichnet werden. Als Blinder kann man die Pfade ertasten und erhält damit nur eine lokale »Sichtweise« des Raumes. Anschließend soll eine Karte des Stollensystems gezeichnet werden – gesucht ist dann also die globale Sicht.

Die Übung ist weit mehr als eine Mathematikaufgabe ohne Zahlen. Sie ist ebenso eine Übung in der Wahrnehmung, der Vorsicht, des gegenseitigen Vertrauens und der Teamfähigkeit.

Vorbereitung

Material

- Augenbinden
- Klebeband
- dicke Schnur (etwa 40 Meter)
- Tuch/Tischdecke
- Stift und Papier
- *eventuell:* Schatz (Teller mit Gummibärchen)

Benötigt werden zwei Räume (davon möglichst einer mit zwei Türen) und etwa 90 Minuten Zeit.

Vorbereitung des Blindseins

Wenn man mit Schrittgeschwindigkeit gegen eine Wand läuft, dann ist mit hoher Wahrscheinlichkeit das Nasenbein gebrochen. Blindenübungen sollte man nicht »einfach so« machen, die Unfallgefahr ist einfach zu hoch. Ich selbst habe bei einem Blindenexperiment ein kleines Stück

Zahn verloren. Jemand stupste mich kameradschaftlich in den Bauch. Als Blinder hatte ich eine völlig andere Wahrnehmung, ich *konnte* die Kameradschaftlichkeit nicht »sehen«. Reflexartig zog ich Kopf und Bauch ein. Dummerweise stand vor mir ein Metallregal, das meine Bewegung unsanft unterbrach … Blind nimmt man Dinge anders war. Ich erzähle die Geschichte gern zu Beginn den Kindern – so wird die Übung viel sicherer: Keiner möchte, dass ihm etwas passiert.

Wir gewöhnen uns langsam an das Blindsein unter der Augenbinde: Einer führt den anderen. Es geht darum, dass sich der Blinde maximal sicher fühlt. Der Führer hat die völlige Verantwortung, der Geführte vertraut. Hier wird »Vertrauen« gelernt. Wird dieses enttäuscht, dann lernt der Geführte, dass er nicht vertrauen sollte. Auch aus pädagogischer Sicht wäre ein Unfall eine Katastrophe.

Vorbereitung des Raumes

Während die Schüler sich an das Blindsein gewöhnen, wird im Raum *Unter Tage* das Labyrinth abgespannt.

Am besten legen Sie zuerst einen »richtigen« Weg vom Eingang zum Ausgang und fügen danach Alternativwege und Irrwege hinzu. Machen Sie es nicht zu schwierig. Blind fühlt sich alles komplexer an.

Die Skizze rechts unten zeigt eine mögliche Realisierung. Ihr Labyrinth wird natürlich etwas anders aussehen, da die Räumlichkeiten Ihrer Schule anders sind.

Je mehr Sinne im Labyrinth einbezogen werden, desto abenteuerlicher wird es. In den Bildern auf Seite 89 bzw. S. 92 oben endet zum Beispiel ein Irrweg an der Heizung. Die Schnur wurde bewusst weiter oben befestigt, damit der Blinde nicht mit der Hand am Boden tastet und dabei mit dem Kopf gegen die Heizung stößt.

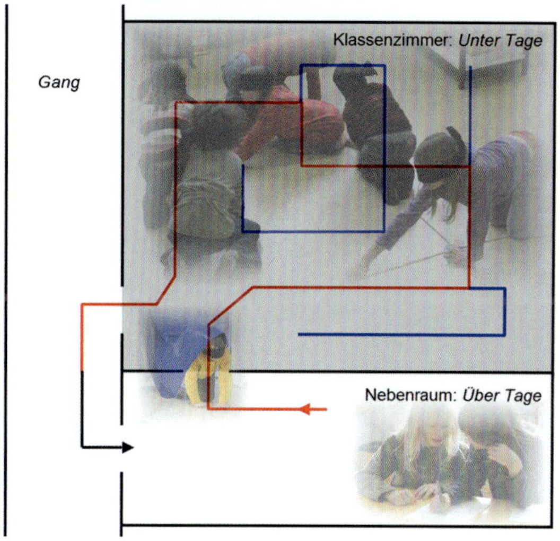

Wichtig: Lassen Sie zu allen Wänden und Hindernissen einen deutlichen Abstand, damit die Kinder sich keine Beulen holen. Alle Kanten müssen weiträumig umgangen werden.

Wenn Sie nur Räume mit einer Tür zur Verfügung haben, können Sie statt eines Ausgangs einen Schatz platzieren, zum Beispiel einen Teller mit Gummibärchen am Ende eines Weges.

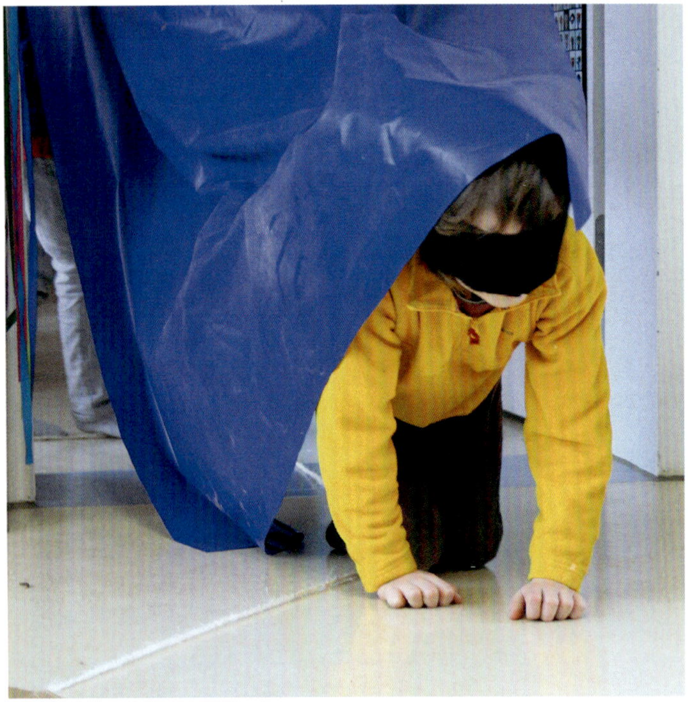

Ablauf

Zu Beginn befinden wir uns *Über Tage*. Keiner von uns hat eine Augenbinde auf, hier darf gesprochen werden, das Licht ist an.

Im Gegensatz dazu herrscht *Unter Tage* absolute Dunkelheit. Wir gehen also nur mit verbundenen Augen in das Stollensystem. Niemand darf sehend in das Labyrinth.

Es ist gut, wenn die Tür (der Bergwerksschacht) mit einem Tuch oder einer Tischdecke verhängt wird, sodass nicht unbeabsichtigt ein Blick in den Raum *Unter Tage* fällt.

Die Stollen sind stark einsturzgefährdet. Schon ein leises Flüstern ist lebensgefährlich. Deswegen herrscht *Unter Tage* völlige Stille! Wenn jemand den Ausgang nicht mehr findet oder Angst bekommt, hebt er die Hand und zählt lautlos und langsam bis zehn. Spätestens dann ist der Lehrer da und hilft auf den richtigen Weg oder geleitet den Schüler direkt *Über Tage*.

Didaktische Bemerkung

Hier werden Regeln mithilfe einer bilderreichen Geschichte (einsturzgefährdet) eingeführt. Ziel ist, dass die Kinder im Raum *Unter Tage* nicht mit den Köpfen zusammenstoßen sollen. Wenn sie sich langsam und vorsichtig bewegen und dabei völlig still sind, passiert auch kein Unfall. Man hört, wenn jemand entgegenkommt.

Natürlich hätte man die Vorsicht und die Stille auch einfach als Regel vorgeben können. Aber dann hätte es einfach eine Regel gegeben, die nichts mit der Geschichte zu tun hat. Das Bild der Einsturzgefahr erzwingt von sich aus klare Regeln. Die Sicherheitsregel (nicht mit den Köpfen zusammenstoßen) wird in Form einer Geschichte zur Spielregel. Und da diese Regel jetzt etwas mit dem Erforschen des Stollensystems zu tun hat, ist sie wesentlich nachhaltiger. Kinder leben in diesem Alter in einer Fantasiewelt. Die Bilder und Geschichten, die uns Erwachsene müde lächeln lassen, werden für Kinder oft real.

Durch die Bergwerkgeschichte werden viele Regeln implizit gegeben: So ist auch ohne Worte klar, dass die Augenbinde *Unter Tage* getragen werden muss und *Über Tage* abgenommen

werden kann. Auch ist hier nirgends erwähnt, dass die Stollengänge (Schnüre) nicht verlassen werden dürfen. Es wird auch sehr wahrscheinlich nicht vorkommen, weil es nicht in die Geschichte passt. Wichtig ist die Konsequenz: Wenn ein Schüler redet und die Decke dann nicht einstürzt, dann ist das Bild in der Geschichte zerstört und innerhalb kurzer Zeit werden alle mit Flüstern beginnen. Nun wird hoffentlich die Decke im Klassenzimmer nicht gleich beim ersten Flüstern einstürzen, trotzdem müssen Sie die Geschichte (und damit die Einhaltung der Stille) retten, indem Sie den Redner unmittelbar aus dem Raum entfernen.

Es ist eine gute didaktische Idee, in den Übungen Gebote und Verbote durch Geschichten und Bilder zu ersetzen oder zumindest zur Begründung heranzuziehen.

Einsam und gemeinsam ans Ziel

Die Kinder finden sich in Dreier- und Vierergruppen zusammen. Zuerst geht einer nach dem anderen allein in das Stollensystem und versucht, den Ausgang zu finden. (Falls es die Räumlichkeiten nicht zulassen, soll der Schatz aufgespürt, ein Gummibärchen gegessen werden und der

Rückweg gefunden werden.) Wird die Reihenfolge innerhalb der Gruppe durch die Geburtstage, die Sockenfarbe oder die Haarlänge festgelegt, gibt es keinen Streit.

Danach soll jede Gruppe in einer bestimmten Zeit (etwa 45 Minuten) eine Stollenkarte zeichnen. Dabei darf jeder so oft *Unter Tage*, wie es die Zeit zulässt.

Je länger das Spiel dauert, desto intensiver wird es. Für die Kinder scheint die dunkle Welt *Unter Tage* mit jedem Besuch realer zu werden.

Die Kinder diskutieren und ringen um eine Lösung. Sie sprechen die ganze Zeit über Form und Struktur. Eine Mathematik in ihrer eigenen Sprache. Der Wert der Übung kann nicht hoch genug eingeschätzt werden: Die Schüler versprachlichen eine Mathematik ohne Zahlen, sie erfinden Ortsangaben, um über den Weg sprechen zu können. Sie suchen »Beweise«, warum dieser und nicht jener Vorschlag richtig ist. All das wird mit einer intensiven Erfahrung und Raumwahrnehmung verknüpft.

Vielleicht ist es für manches Kind (oder manche Eltern) schwierig, in dieser Übung »Mathematik« zu sehen. Aber Mathematik ist mehr als einfach nur das Rechnen mit Zahlen.

Die Übung ist differenziert: Schwache Schülergruppen können den direkten Weg finden, leistungsstarke Gruppen können das komplette Labyrinth aufzeichnen. Mit der Aufgabe ist

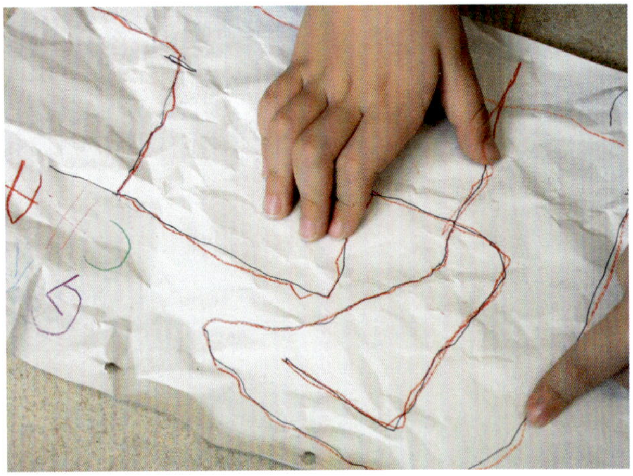

man quasi nie fertig. Von den schnellsten Schülern können Sie eine maßstabsgetreue Zeichnung fordern.

Auch wenn hier das Erlebnis stark in den Vordergrund rückt: Die Aufgabe ist sehr anspruchsvoll: Das Zeichnen und Lesen einer Landkarte ist ein abstrakter Vorgang.

Wir fahren mit dem Finger Linien entlang und meinen damit reale Wege oder Schnüre. Wir haben noch einen globalen Blick und können nur lokal die Wege oder Schnüre ertasten. Wir sind in der Situation der ersten Forscher, die Landkarten entwerfen.

Ende und Auflösung

Die Kinder können Zeit meist kaum einschätzen. 45 Minuten Gesamtzeit für die Aufgabe sind zumindest in diesem Alter noch schwer zu überblicken. Besser, Sie zählen zehn Minuten vor Schluss im Minutentakt die Zeit herunter.

Zum Schluss treffen sich alle im Raum *Über Tage*. Natürlich könnten jetzt alle einfach mit ihrem Plan zum Labyrinth gehen, aber es wäre schade, den Moment der Auflösung nicht zu genießen.

Wir gehen gemeinsam in den Raum *Unter Tage* und sind erst einmal eine Minute lang (!) still. Dann darf gesprochen und diskutiert werden. Wir vereinbaren, dass zunächst alle an den Rand gehen, damit jeder das Labyrinth auch sieht.

Es ist erstaunlich, mit welchem Eifer die Kinder bei der Sache sind. Ich habe die Übung häufig gemacht und bin doch immer wieder über die Ernsthaftigkeit und über die Qualität der Ergebnisse erstaunt.

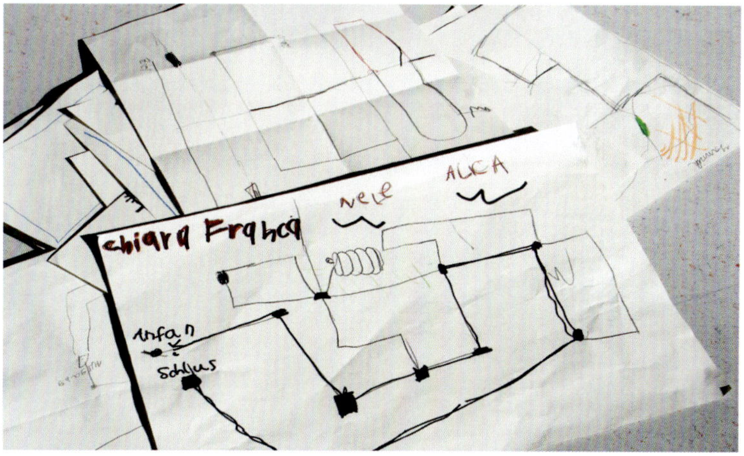
chiara Franca
Nele

Schätzen und Größenvorstellung

Material

- 6 Packungen Schokolinsen
- Kreppband
- zwei Zollstöcke

Auf Hubschrauberflügen sollen Menschenmassen auf einer Straße abgeschätzt werden.

Umsetzung im Unterricht

Vorbereitung

Aus zwei Zollstöcken wird eine Straße gebaut, die Fußgänger werden durch etwa sechs Packungen Schokolinsen dargestellt. Der ganze Aufbau ist durch Tische und Kreppband abgesperrt, sodass die Schüler einen Mindestabstand von etwa drei Metern zu den Schokolinsen haben. Es werden zufällige Gruppen mit jeweils etwa fünf Teilnehmern gebildet.

Durchführung

Jedes Team soll die Anzahl der Menschen (Schokolinsen) so genau wie möglich abschätzen. Hierzu darf zweimal für genau 60 Sekunden mit dem Hubschrauber über die Straße geflogen werden. In dieser Zeit ist es unmöglich, alle Schokolinsen abzuzählen. Die Aufgabe der Gruppen besteht also darin, eine Strategie zu entwickeln, die eine möglichst genaue Schätzung ermöglicht.
Als Erstes überlegt sich jede Gruppe einen Namen. Mit diesem kann sie sich für einen Flug an-

melden. Konkret sieht das so aus: Die Gruppe wartet am Eingang der Absperrung, der Lehrer notiert durch einen Punkt an der Tafel den Flug und zählt ein: fünf – vier – drei – zwei – eins – los! Die Gruppe darf sich in den folgenden 60 Sekunden innerhalb der Absperrung aufhalten, darf aber keine Schokolinse berühren – ansonsten »stürzt« der Hubschrauber ab, und die Gruppe muss unmittelbar hinter die Absperrung zurück. Der Lehrer gibt zur groben Zeiteinteilung die Halbzeit nach 30 Sekunden an und zählt am Schluss rückwärts: »Noch fünfzehn Sekunden, noch zehn, noch fünf – vier – drei – zwei – eins – und Schluss!« Wichtig sind klare Regeln: Die Gruppe muss nicht die ganze Zeit innerhalb der Absperrung sein, sie darf auch früher herauskommen. Ist sie allerdings zu spät dran, ist der zweite Flug gestrichen.

Erlaubt ist – wie im richtigen Leben – fast alles: Die Schüler dürfen Ideen abschauen und sich von anderen Gruppenergebnissen beeinflussen lassen. Sie können die Schüler auch dazu auffordern, sich die Strategien anderer Gruppen anzusehen – falls diese nicht im Geheimen arbeiten …

Vor dem ersten Flug wird eine Gesamtzeit für das ganze Spiel vereinbart. 25 bis 30 Minuten sind ein guter Richtwert. Wenn der Schlussgong ertönt, muss sich die Gruppe für einen Zahlenwert entschieden und angeschrieben haben.

Stehen die Schätzungen der Gruppen fest, soll jeder noch einmal für sich die Zahlen an der Tafel anschauen und unabhängig von der Gruppe sich für den für ihn wahrscheinlichsten Wert entscheiden. Statt der Gruppenschätzung jetzt also die individuelle Einschätzung. Um das Maß der

gegenseitigen Beeinflussung zu verringern, soll jeder, der sich entschieden hat, zum Zeichen die Arme verschränken. Sind alle Arme verschränkt, werden die Ergebnisse mit Strichen an der Tafel notiert.

Im Anschluss werden die Schokolinsen gezählt und dabei in Tüten verpackt. Die einzelnen Tüteninhalte werden zusammengerechnet.

Didaktischer Hintergrund

Bei dieser Übung geht es in erster Linie um Teamfähigkeit – eines der wichtigsten Bildungsziele überhaupt. Die Gruppe muss eine Entscheidung treffen, wie sie vorgehen möchte. Da sie nur zweimal 60 Sekunden Zeit für ihre Messung hat, kann die Gruppe nicht alle Ideen umsetzen. Und dann muss sie sich auf einen Zahlenwert einigen. All das ist nicht einfach.

Ob Gruppenarbeit funktioniert, hängt auch von der Gruppengröße ab. Eine Gruppe mit drei Teilnehmern ist häufig spannungsgeladen, da fast immer die Konstellation »Zwei gegen einen« auftritt. Konflikte sind hier sehr wahrscheinlich. Große Gruppen sind instabil und zerfallen sehr wahrscheinlich in Untergruppen.

Ich glaube, dass eine Gruppenstärke von fünf Teilnehmern eine gute Wahl ist. Bei sechs Teilnehmern könnten sich bereits wieder Untergruppen bilden. Auch vier Teilnehmer sind brauchbar. Wenn man allerdings mit Langzeitgruppen arbeitet und einer aus der Gruppe fehlt, ist man wieder zu dritt, und Konflikte werden wahrscheinlicher. Außerdem verhindert die ungerade Gruppenstärke eine Pattsituation bei strittigen Fragen.

Eine Gruppe kann mehr erreichen als der beste Einzelne innerhalb der Gruppe! Allerdings tritt dieser Gruppenvorteil nur dann auf, wenn entsprechend vorgegangen wird. Teamfähigkeit fällt nicht vom Himmel und muss wie die meisten Sozialverhalten gelernt und geübt werden. Hier eine mögliche Herangehensweise. Jeder in der Gruppe überlegt zuerst für sich allein eine Schätzmethode. Erst wenn jeder eine Idee entwickelt hat, wird darüber diskutiert. So kann auch der Langsamere einen Ansatz entwickeln und wird nicht vom Schnellen überrannt. Jeder stellt seine Idee vor, aus diesem Fundus wird eine Schätzmethode entwickelt.

Der Lehrer kann den Prozess unterstützen, indem er die individuelle Phase zeitlich vorgibt: »Zwei Minuten darf keiner im Raum reden, jeder überlegt für sich eine Methode.« Es hilft auch, wenn am Ende der Übung gefragt wird,

wer mit seiner Schätzidee gar nicht zu Wort kam. Es kann durchaus sein, dass die beste Idee unbeachtet blieb, weil diese in der Gruppe keinen Raum bekam. Nun wird der Grund dafür gesucht und überlegt, wie sichergestellt werden kann, dass solche Ideenverluste in Zukunft nicht mehr auftreten.

Variante

Material

- Zollstock
- Schnur
- Messbecher
- Waage
- Spiegel
- Millimeter-Papier
- 20 Schokolinsen

Statt durch den Aufbau mit zwei Zollstöcken den Lösungsweg vorzugeben, könnte der Lehrer die Schokolinsenstraße auch mit zwei Streifen Kreppband als Begrenzung aufbauen und den Schülern eine Hilfsmittelauswahl an die Hand geben, z. B. Zollstock, Schnur, Messbecher, Waage, Spiegel, Millimeter-Papier, 20 Schokolinsen.

Weiterführende Literatur

Wer tiefer in das Thema Gruppendynamik und soziales Lernen einsteigen möchte, sei auf das gleichnamige Buch von **Peter Wellhöfer** (Lucius & Lucius, Stuttgart, 4. Auflage 2012) verwiesen.
Ein sehr gutes Buch!

Zahl und Maß

Material

- Stifte
- Geodreieck
- Schnur
- Zollstock
- italienisches 1-Euro-Stück

Messen ist nichts anderes als Vergleichen. Man muss sich auf einen bestimmten Vergleich einigen. So haben sich große Teile der Menschheit auf Meter, Kilogramm und Sekunde geeinigt.

Die Strecke ist am einfachsten zu bestimmen, man »sieht« ja, wie lang ein Meter ist. Die Masse muss schon »begriffen« werden. Zwei Strecken zu vergleichen ist viel leichter. Schließlich bereitet die Zeit die größten Schwierigkeiten.

Leonardo da Vinci: von Fingerspitze zu Fingerspitze und vom Scheitel bis zur Sohle

Was ist länger: die Strecke vom Scheitel bis zur Sohle oder von Fingerspitze zu Fingerspitze? Ist es bei Erwachsenen anders als bei Kindern? Jeder überlegt für sich eine Antwort, wer fertig ist, verschränkt die Arme.

Wie findet man nun die Antwort? Wie vergleicht man Längen miteinander? Die Kinder entwickeln selbst Ideen: Sie vergleichen zum Beispiel die Längen mit einem Bleistift. Je nach Alter benutzen die Kinder auch das Geodreieck, dann vergleichen sie statt mit Stiften mit dem Meter – im Prinzip ist es das gleiche Vorgehen. Letzteres hat den Vorteil, dass man am Telefon seine Größe mitteilen kann, weil die ganze Welt schon das Metermaß zu Hause hat. Natürlich hätte sich die ganze Welt auch auf unseren Bleistift als Vergleichsgröße einigen können. Aber dann dürfte dieser nie mehr gespitzt werden.

Für den direkten Längenvergleich eignen sich eine Schnur oder ein Zollstock am besten. Die Kinder vermessen sich gegenseitig in Zweiergruppen. Ein Kind legt sich auf den Boden, das andere nimmt Maß. Die Zehen zeigen dabei senkrecht zur Decke und werden nicht ausgestreckt. Das Ergebnis ist erstaunlich: Sowohl bei Kindern als auch bei Erwachsenen sind beide Längen gleich.

Vielleicht ging es Ihnen auch so: Man denkt, dass die Strecke vom Scheitel bis zur Sohle länger ist. Das hängt mit einer optischen Täuschung zusammen, der sogenannten T-Figur-Illusion, bei der die senkrechte Linie länger wirkt. Ob die waagrechte Linie über oder unter der senkrechten Linie verläuft, spielt dabei keine Rolle.

Mit einem italienischen Eurostück kann man zeigen, dass der Mensch in ein Quadrat und in einen Kreis passt. Setzt man den Zirkel (Schnur) am Nabel an, liegen die Spitzen von Armen und Beinen auf einem Kreis:

Welche Schnur ist länger?

Material

- Schnur
- vier unterschiedlich farbige Wollfäden oder Post-its und farbige Stifte

In jeder Ecke des Klassenzimmers liegt eine Schnur. Die Längen sind unterschiedlich: 99 cm, 100 cm, 101 cm und 102 cm. Damit man die Schnüre besser auseinanderhalten kann, bekommt jede ein Farbfähnchen.

Die Kinder gehen in kleinen Gruppen zusammen und erhalten fünf Minuten Zeit, um herauszufinden, welches die kürzeste Schnur ist. Vielleicht schafft es eine Gruppe sogar, eine Reihenfolge für die Längen festzulegen. Alle Schnüre sind ortsfest.

Tausend, Million und Milliarde

Material

- Milch- oder Saftkarton
- Packung Würfelzucker
- drei Schnüre à 1 Meter, drei Reißzwecken oder Klebeband

Im Radio wurde eine Größe genannt, zwei Minuten später frage ich mich, ob es 150 Millionen oder 150 Milliarden Euro waren. Beide liegen jenseits meiner Vorstellungskraft. Die Zahlen hören sich für mich gleich an: extrem hoch.

Dabei sind 150 Milliarden das Tausendfache! Jürgen Hauser hat mir einen hübschen Vergleich gezeigt. Wenn wir einen Kubikmeter in 1000 Würfel schneiden, dann bekommen wir 1000 Liter. Einen Liter Milch kann sich jeder vorstellen, auch als Kubikdezimeterwürfel. Notfalls basteln wir einen. In einen Kubikmeter passen *tausend* dieser Würfel.

Wenn wir diesen wiederum in 1000 Würfel zerlegen, erhalten wir Kubikzentimeter. Das entspricht ungefähr der Größe eines Würfelzuckers. Na ja, so ungefähr. Es geht ja um Größenordnungen. 1000 × 1000 Würfelzucker passen in einen Kubikmeter, also eine *Million*.

Der Zuckerwürfel besteht wiederum aus Körnchen mit der Größe eines Kubikmillimeters. Es passen somit 1000 × 1000 × 1000 Zuckerkörnchen in einen Kubikmeter, also eine *Milliarde*.

Anschaulich wird die Übung durch die Darstellung eines Kubikmeters. Dies geht einfach in einer Klassenzimmerecke: Mit drei Schnüren, drei Reißnägeln oder Klebestreifen und einer helfenden Hand lässt sich ein Kubikmeter bauen.

Wenn man möchte, kann man einen Liter Milch und Zuckerwürfel mitbringen. Mit einem Stück Zucker lässt sich die Million besser genießen.

Gleiche Massen – die Waage

Material

- Tafel Schokolade
- Kreppband
- Balkenwaage

Masse ist eine abstraktere Sache. Wir können nicht direkt bestimmen, was mehr oder weniger wiegt, wir brauchen ein Instrument zum Vergleich: die Waage, am besten eine Balkenwaage.

Auf den Boden wird zum Beispiel eine Tafel Schokolade (100 Gramm) gelegt, und die Kinder sollen nach Dingen suchen, die die gleiche Masse haben. Nach und nach füllt sich der Boden mit unterschiedlichen Gegenständen.

Jetzt wird eine Grenze mit Kreppband gezogen und auf die eine Seite zur Markierung eine Feder, auf die andere ein größerer Stein gelegt. Die eingesammelten Gegenstände werden nun sortiert.

Verglichen wird mit den Händen. Was mehr Masse als die Schokolade besitzt, kommt auf die Steinseite, was weniger Masse besitzt, auf die Federseite. Wenn etwas als gleich eingeschätzt wird, wird es *auf* das Kreppband gelegt.

Wenn alles an seinem Ort liegt, wird mit einer Balkenwaage verglichen.

Die Zeit

Material

- Kreide
- Schnur

Zeit ist am schwierigsten zu begreifen. Wir können zeitliche Abläufe viel schlechter überschauen als räumliche. Wir zeichnen Diagramme, um Zeitabhängigkeiten räumlich (auf dem Papier) zu erfassen. Man kann die Erfindung der Uhr auch so verstehen, dass sie erlaubt, den zeitlichen Ablauf räumlich fassbar zu machen: Die Zeit wird zur Bewegung der Zeiger, ein Zeitpunkt zu deren Position auf dem Ziffernblatt. Wir versuchen wie bei der Uhr, die Zeit räumlich zu verstehen. Ein großer Kreis (mit Kreide und Schnur auf dem Boden aufmalen) wird in Monate aufgeteilt, und die Kinder stellen sich an der Stelle auf, die ihrem Geburtstag entspricht. Der Monatsbeginn wird durch eine Zahl markiert. Eine Uhr für Monate ist entstanden. Eine Uhr ist ja nichts weiter, als dass Zeiger einen Rundwanderweg abschreiten. Die Monatsuhr ist eine sehr langsame Uhr.

Die Monatsuhr ist einfach, sie besitzt nur einen Zeiger. Aber unsere gezeichnete Uhr lässt sich auch wie eine normale Uhr verwenden. Ein Freiwilliger stellt den Sekundenzeiger dar. Auf ein Zeichen des Lehrers geht der Schüler in geschätzten Sekundenschritten einmal im Kreis. Danach entscheidet jeder für sich, ob die Umrundung länger oder kürzer als eine Minute gedauert hat. Jeder stellt sich auf die Stelle der Uhr, die seiner Schätzung entspricht. Wenn also jemand 55 Sekunden geschätzt hat, dann stellt er sich auf die »11«. Wenn die gezeichnete Uhr dafür zu klein ist, kann auch ein Stift an die Stelle gelegt werden.

In der nächsten Übung lassen wir die Uhr im Zeitraffer laufen. Der Sekundenzeiger rennt im Kreis, während ein zweiter Freiwilliger als Minutenzeiger nur sehr langsam vorankommt. Ein paar Minuten reichen, dann ist das Prinzip verstanden, und der hechelnde Sekundenzeiger darf sich ausruhen. Wichtig ist, dass der Schüler, der die Rolle des Minutenzeigers spielt, jetzt nicht wechselt. Dann lassen wir die Zeit noch schneller verstreichen, sodass der Minutenzeiger langsam im Kreis laufen kann. Um einen ganzen Umlauf zu messen, benötigen wir einen Stundenzeiger. Damit ist die Uhr komplett.

Mit dieser Uhr lässt sich spielen. Ein Schüler (Stundenzeiger) stellt sich auf eine bestimmte Position, ein zweiter (Minutenzeiger) rückt nach. Sein Ort ist nicht mehr beliebig, der Stundenzeiger hat schon grob seine Stellung bestimmt. Jetzt darf die Zeit abgelesen werden. Dann beginnt das Spiel von vorn. Diese Übung ist statischer Natur und gleicht dem Ablesen auf der Armbanduhr. Wir sehen quasi nur die Momentaufnahme eines Zeigers und erschließen daraus die Uhrzeit.

Unendlichkeit

Wenn wir morgens aufstehen, gehe zuerst ich unter die Dusche und rufe dann vom Bad aus meinen Jungen. Eines Morgens (als mein Junge noch die zweite Klasse besuchte) brauchte er sehr lange, um aus dem Bett zu kommen. Als er endlich ins Bad trottete, begrüßte ich ihn mit den Worten: »Das dauert ja eine halbe Ewigkeit, bis du endlich kommst.«

Mir ist dieser Spruch aus dem Alltag zuvor noch nie seltsam vorgekommen. Es dauert eine *halbe Ewigkeit*, bis der Junge *endlich* kommt. Lassen wir die Spitzfindigkeiten und verfolgen wir die Unterhaltung weiter:

»Du übertreibst, das war keine halbe Ewigkeit!«

»Wie lange dauert denn eine halbe Ewigkeit?«

Es vergeht einige Zeit, dann die Antwort: »Eine halbe Ewigkeit dauert so lange wie eine ganze Ewigkeit.«

Ich lasse mir nichts anmerken und frage weiter: »Wie lange dauert denn ein ganz kleines bisschen von der Ewigkeit?«

»Wieder eine Ewigkeit.«

Faszinierend! Sollte es etwa so sein, dass Kinder gar nicht so große Schwierigkeiten wie wir mit dem Unendlichkeitsbegriff haben? Vielleicht lässt sich ja mit ihnen über Dinge reden, die ebenso mit Abiturienten diskutiert werden könnten. Natürlich will ich jetzt keine Grundschüler zum Abitur führen, aber ich finde es dennoch verwunderlich, dass Dinge, die als schwer eingestuft werden, jungen Menschen nicht unbedingt Probleme bereiten, sondern als selbstverständlich erscheinen.

Die Sache mit der Unendlichkeit übt auf Kinder eine große Faszination aus. Es ist höchst abstrakt, darüber nachzudenken, weil es in unserer endlichen Welt keine Unendlichkeit gibt. Wir wollen hier versuchen, etwas vom Wesen der Unendlichkeit zu begreifen, ohne uns dabei in den Wirren der Zahlen zu verlieren.

Unendliches bleibt endlich, auch die Pizza

Wenn man eine halbe Pizza isst, ist der größte Hunger verschwunden. Nach einer weiteren halben Pizza ist man satt. Nach der dritten halben Pizza will man nicht mehr weiteressen.

Wie sieht es mit folgendem Experiment aus: Wir essen zuerst eine halbe Pizza, dann ein Viertel, dann ein Achtel. Wenn wir jetzt beliebig so weitermachen würden, würden wir dann irgendwann einmal platzen? Wir essen ja ständig weiter, allerdings immer weniger.

Mein Junge wollte etwas »unendlich Endliches« erfahren, also erzählte ich ihm, während wir auf die bestellte Pizza warten.

»Stell dir vor, es kommt nur meine Pizza. Dann habe nur ich eine und du keine.«

Mein Junge verzieht das Gesicht.

»Und weil wir fair sein wollen, machen wir halbe-halbe.«
Das Gesicht hellt sich wieder auf.

»Jetzt klingelt das Telefon. Ich gehe ran und wenn ich wiederkomme, hast du dein Stück schon verdrückt. Also teilen wir erneut. Aber wenn wir jetzt halbe-halbe machen, dann bekommst du nur noch die Hälfte von der Hälfte, also ein Viertel.«

Der Junge grinst und meint: »Und dann gehst du wieder telefonieren, und ich esse wieder meinen Teil auf. Stimmt's?«

»Und so weiter. Auf diese Weise kannst du ewig essen und doch nie mehr als eine ganze Pizza verdrücken. Das ist die Grenze, denn mehr war ja nicht auf meinem Teller.«

Später liest sich derselbe Sachverhalt dann so:

$$\frac{1}{2}+\frac{1}{4}+\frac{1}{8}+\frac{1}{16}+\frac{1}{32}+\frac{1}{64}+\ldots=1$$

Und dann wird diskutiert, dass es ja nicht exakt 1 ergeben kann, weil ja immer etwas fehlt. Aber die Summe *ist* exakt eins, weil die drei Punkte ja den Grenzwert meinen.

Es ist etwas sehr Hübsches, einem jungen Menschen den Grenzwertbegriff zu zeigen. Weil er noch nicht so viel endliche Rechenpraxis erfahren hat, kann er die Sache leichter verstehen.

Sicher geht das am eindrucksvollsten, wenn man an einer Pizza konkret Hand anlegt. Das mathematische Verständnis wächst so am besten. Vielleicht können Sie die Eltern der Kinder davon überzeugen, Pizza essen zu gehen …

Alternativ kann man die Übung auch mit einem DIN-A4-Blatt durchführen, aber das Halbieren einer Pizza riecht und schmeckt einfach anders.

Auf dem Bild oben links wird nachgezählt, ob eine ganze Pizza auch wirklich 32-mal größer sein kann als der Rest nach vier Teilungen.

Hier der 2048. Teil einer Pizza: Wenn sich 2048 Leute eine Pizza teilen würden, bekäme jeder so viel, wie auf dem unteren Bild zu sehen ist.

Irgendwann ist der zu teilende Rest nur noch schwer zu finden, da die umliegenden Pizzakrümel (die Teilungsreste) größer sind …

Saft verdünnen, Saft schmecken

Material

- Kreppband
- 15 durchsichtige Becher
- dunkler Saft (z. B. Traubensaft)
- Leitungswasser
- Augenbinde
- wasserfester Filzstift

Vorbereitung: das Potenzieren

Der Leser wird in dieser Übung vermutlich an Homöopathie erinnert: Der Saft wird immer weiter verdünnt. In jedem Schritt sinkt die Saftkonzentration um die Hälfte.

Zuerst werden zehn halb volle Wasserbecher benötigt. Hierzu wird jeweils ein Becher am Wasserhahn ganz aufgefüllt und die Hälfte des Inhaltes in einen noch leeren umgegossen. Auch wenn man es nicht explizit sagt, wird hier der Faktor ½ eingeführt. Es ist also ganz gut, wenn die Schüler selbst mit Hand anlegen, auch wenn das mitunter gar nicht so einfach ist.

Sind alle Becher hälftig mit Wasser gefüllt, werden sie in einer Reihe aufgestellt und von 1 bis 10 mit dem Marker beschriftet. Ein weiterer Becher wird mit reinem Saft gefüllt und mit der Nummer 0 beschriftet. Die Hälfte des Inhaltes aus Becher 0 wird in Becher 1 gekippt. Entsprechend geht es weiter. Die Hälfte vom Inhalt des ersten Bechers wird in Becher 2 gegossen und so weiter.

Der nullte Becher enthält 100 Prozent reinen Saft. Im ersten Becher ist der Saftanteil auf die Hälfte gesunken, beim zweiten auf ein Viertel, dann ein Achtel und so weiter. Im Grunde ist es

wie mit dem Teilen der Pizza. Nur das hier Bechernummern hinzukommen, deren Bedeutung im Potenzieren liegt. Möchte man die Saftkonzentration z. B. im siebten Becher berechnen, so rechnet man ½ hoch 6. Der nullte Becher enthält den reinen Saft, da ½ hoch 0 eins bzw. 100 Prozent ergibt. All das wird man den Kindern nicht sagen, aber es ist schön, dass alles in der Übung eine mathematische Entsprechung hat. Man kann also sehr gut den Becher Nummer 6 mit der sechsten Potenz bezeichnen. Es muss nicht sein, aber es ist die richtige Vokabel im richtigen Kontext. (Man könnte diese Saftreihe sogar ins Negative fortsetzen: Der Becher Nummer –1 entspricht dann einem Konzentrat.)

Exponentieller Geschmacksinn

Bis zu welcher Potenz können wir den verdünnten Traubensaft noch von reinem Wasser unterscheiden?

Ablauf

Ein Freiwilliger bekommt die Augen verbunden. Er selbst gibt an, welche Potenz er sich gerade noch zutraut. Seine Aufgabe ist es, unter drei Bechern den Becher herauszufinden, der Fruchtsaft in der angegebenen Verdünnung enthält.

Ein Becher wird mit dem Permanentmarker mit einem Punkt versehen, in diesen kommt der verdünnte Saft. In die anderen beiden Becher

kommt Leitungswasser. Auch sie werden mit dem Marker beschriftet, ansonsten besteht die Gefahr, dass das Experiment testet, ob man die Beschriftung riechen kann … Also kommt das Zeichen für unendlich (∞) auf die Becher mit reinem Wasser. Man darf mehrmals an einem Becher nippen, bevor man sich entscheidet. Der Geschmack lässt sich mithilfe der Nase am besten unterscheiden. Deswegen vergleicht der Junge auf dem Bild die Flüssigkeiten riechend.

Die Kinder können meist die achte Potenz noch schmecken. Der Saftanteil beträgt dann nur noch ein Zweihundertsechsundfünfzigstel.

Erweiterung

Zum Schluss kann man noch einmal »rückwärts schmecken«. Man beginnt mit der Potenz, die man gerade noch erkennt und trinkt dann einen kleinen Schluck vom Saft mit der nächsttieferen Potenz. Durch die Übung ist der Geschmacksinn so geschärft, dass man von der Süße des Saftes überrascht ist, wenn man schließlich bei der nullten Potenz angekommen ist. Für diese Übung benötigt jeder einen Becher. Damit es bei jedem für einen kleinen Schluck reicht, sollte mit Litergefäßen potenziert werden.

Didaktik und Lernumgebung

Reine Form ohne Inhalt

Mathematik ist eine Geisteswissenschaft. So erscheint es auf den ersten Blick paradox, dass es in diesem Buch um das *Erleben* von Mathematik geht, wenn doch gerade Mathematik die *reine Form ohne Inhalt* lehrt. Mathematik ist abstrakt, ist also genau das Gegenteil von *Anfassen und Erleben.*

Aber auch wenn Mathematik die reine Form ohne Inhalt lehrt, müssen die meisten Menschen die Dinge anfassen und erleben, um sie zu begreifen. So wird das Erleben zum didaktischen Weg oder anders formuliert: Erleben wird zur Grundlage des Unterrichts. Ein Beispiel: Zwei Äpfel und ein Apfel ergeben zusammen drei Äpfel:

Wer die Sache mit den Äpfeln verstanden hat, kann auch mit Birnen, Bananen, Streichhölzern oder Münzen rechnen – obwohl das Rechnen mit Streichhölzern etwas anderes ist. Wir beginnen zu verallgemeinern: Zwei Dinge und ein Ding sind also drei Dinge. Aber wer will das für alle Dinge nachprüfen? Im letzten Schritt müssen wir uns vom Konkreten loslösen, sonst würden Anschauungen und spezielle Begebenheiten (hier Äpfel und Streichhölzer) bei Beweisen eine Rolle spielen. Mathematik soll jedoch auf alle Begebenheiten passen. So verlassen wir die Anschauung und schreiben einfach 2 + 1 = 3.

Gelernt haben wir diese Gleichheit allerdings mit Äpfeln. Wie auch die Mathematik ursprünglich für das praktische Rechnen benutzt wurde und mathematische Sachverhalte durch Erfahrung »bewiesen« wurden, ist auch der erste Schritt in der Didaktik das Konkrete. Der letzte Schritt wird dann vom Erleben hin zu einem abstrakten Denkprozess führen. Das Streben nach Verallgemeinerung, nach Universalem führt in die Abstraktion. Dieser letzte Schritt kann nicht vermittelt, »erschult« oder erzwungen werden, jeder muss sein Gedankengebäude selbst er-

richten (womit wir beim Konstruktivismus wären). Wenn auch der letzte Schritt nicht erzwungen werden kann, so kann doch eine Situation geschaffen werden, in der Erkenntnis- und Abstraktionsgewinn mit hoher Wahrscheinlichkeit eintreten. Es versteht sich von selbst, dass der Lehrer nicht länger als Schulmeister und als Belehrender, sondern als *Strukturgeber* eines Lernprozesses benötigt wird.

Im Text verwende ich wiederholt den Ausdruck *Spielleiter*. Ich mag *Spiele* unter anderem deswegen, weil es klare Regeln gibt. Ein Spiel bringt keine Freude, wenn die Regeln nicht eingehalten werden. »Das Spiel fordert, wenn es einen Sinn haben soll, Unterwerfung unter die Regel«, so Martin Mosebach in einem Artikel zum Tod des großen Sprachspielers Robert Gernhardt. Aufgabe des Spielleiters ist es, klare Regeln zu geben und auf deren Einhaltung zu achten.

Vor diesem Hintergrund sind alle Bei*spiele* in diesem Buch zu sehen. Der Spielleiter oder Lehrer schafft eine Situation, in der der Schüler lernen kann. Der Lehrer ist nicht mehr verantwortlich für das Lernen des Einzelnen – das kann er auch gar nicht. Er ist vielmehr dafür verantwortlich, dass jeder Schüler die für ihn ideale Lernumgebung erhält. Der Fokus hat sich also verändert: Die Lernumgebung, nicht der mathematische Merksatz steht im Zentrum des Lehrerhandelns. Das bedeutet nicht, dass man als Lehrer nichts mehr erklären darf. Lehrerzentrierte Phasen können durchaus sinnvoll sein. Aufgabenstellungen sind bereits Lehrervorträge. Aber der didaktische Schwerpunkt liegt in der Lernumgebung, im Experimentieren und im eigenen Erleben des Schülers.

Die Lernumgebung ist die Summe aller Faktoren, die das Lernen beeinflussen. Dazu gehören der Raum, das Material, die Gruppe und die Aufgabenstellung.

Der Raum

In den meisten Schulen kommt dem Raum nur wenig Bedeutung zu. Dabei ist der Raum »der dritte Pädagoge« (Loris Malaguzzi, Vordenker der Reggio-Pädagogik). Jede Räumlichkeit bringt andere Möglichkeiten mit sich. Beispielsweise ist ein Unterricht »draußen« weder besser noch schlechter, er ist anders. Es gibt keine Tafel, keine Bänke. Das ist weder ein Vorteil noch ein Nachteil.

Auf dem Bild oben vermessen Schüler den Hof, auf dem oberen Bild auf der nächsten Seite sieht man, wie sie sich gegenseitig abfragen. Auf dem Schulhof können viele Schüler gleichzeitig sprechen, ohne dass es laut wird.

Einfach den Unterricht nach draußen zu verlagern, ohne dabei die Methoden zu verändern, wird nicht erfolgreich sein. Werden Tische und Bänke und vielleicht sogar noch eine Tafel draußen aufgestellt (mittleres Bild), um jetzt draußen dasselbe wie vorher drinnen zu machen, wird das schwer gelingen.

So ist die Akustik für einen Vortrag schlechter, ebenso lassen sich technische Geräte, wie z. B. ein Tageslichtprojektor, nicht einsetzen.

Aber auch wenn man drinnen bleibt, muss der Raum nicht bleiben, wie er ist. Die Begriffe Möbel und Mobiliar sind von lateinisch »mobilis« (beweglich) abgeleitet. Im Raum können Tische und Bänke bewegt werden. So kann zum Beispiel eine Bühne samt Auditorium entstehen. Die Bühne besteht aus vier Tischen, der Tageslichtprojektor fungiert als Scheinwerfer, Auf- und Abgang über einen Stuhl auf abgewandter Seite, die vier Stühle vor der Bühne sind jeweils die Ausstellungsflächen für die gerade besprochenen Objekte, die Schüler sitzen im Halbkreis um die Bühne (Bild unten).

Material und dessen Anordnung

Wenn eine Schere neben einem Stück Papier liegt, assoziieren die meisten Menschen, dass das Papier geschnitten werden soll. Unser Denken wird von dem bestimmt, was gerade verfügbar ist. Material bestimmt unser Denken weit mehr, als wir für gewöhnlich annehmen.

Es ist aber nicht nur das *Material* an sich, das unser Denken beeinflusst, ebenso wichtig ist die *Komposition* unterschiedlicher Materialien. So verbindet man Papier und Schere mit Schneiden, Papier und Streichhölzer mit Brennen.

Diese Assoziationen stammen zu großem Teil aus bereits gemachten Erfahrungen oder unserem Wissen. Legt man zu Papier und Streichhölzern noch eine Tube Klebstoff hinzu, wird meist Basteln und nicht mehr Brennen assoziiert.

Zwar lässt sich jetzt genauso wie vorher ein Streichholz anzünden, aber durch den Klebstoff geht unser Denken in eine andere Richtung, wir werden durch das Material Klebstoff vom brennenden Papier in eine andere Richtung gelenkt. Auch die Abstände erhalten eine Bedeutung. Dinge, die beieinanderliegen, werden als zusammengehörig gesehen.

Das Forschen am Material schließt (Binnen-)Differenzierung automatisch ein. So kann im Kapitel über Erbsen, Zahnstocher und Seifenblasenflüssigkeit der Schwierigkeitsgrad von jedem Schüler individuell festgelegt werden. Darum lassen sich Erbsen vom Kindergarten bis hin zum Studium der Mathematik sinnvoll einsetzen.

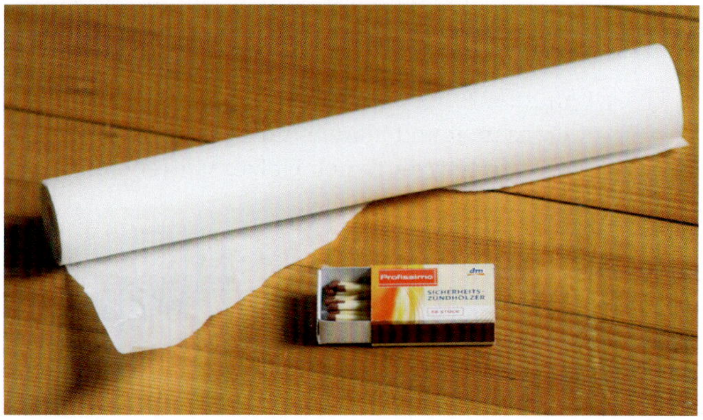

Theaterpädagogik, Situationen und Rollen

Im Kapitel »Labyrinth – globales und lokales Denken« wird deutlich, wie gut sich Geschichten, Bilder und Fantasiereisen eignen, um Regeln vorzugeben. Natürlich hätte man die Übung auch ohne die Bilder des Bergbaus (über Tage, unter Tage) umsetzen können. Aber: Gebote und Verbote lassen sich einfacher im Bild fassen, und gleichzeitig ist es viel erlebnisreicher, wenn man in einem Stollen wegen der Einsturzgefahr nicht sprechen darf.

Ebenso können die Rolle und ihre Bezeichnung Regeln implizit vermitteln. In der Übung »Das Gehirn in der Streichholzschachtel« darf nur der *Prüfer* Hölzer vergeben. Das ist viel einprägsamer und klarer als die Regel »Nur der, der gefragt hat, darf auch Hölzer vergeben«. Ohne die Rolle ist unklar, warum das so sein soll. Werden die Rollen *Prüfer* und *Prüfling* vergeben, ist klar, wer die Bewertung vornimmt.

Mithilfe von einprägsamen Bildern und Rollen arbeitet der Lehrer als Strukturgeber. Seine Aufgabe ist es, den Dingen eine Form zu geben. Dabei ist es unerheblich, an welcher Aufgabe geforscht wird und welche Regeln gelten. Es ist die Aufgabe des Spielleiters (Lehrers), in die Gruppe hineinzufühlen und ihr von außen die Form zu geben, die sie gerade braucht. Daher ist es gut, die Übungen in diesem Buch jeweils an die Gruppe anzupassen. Das ist natürlich nicht immer einfach. Aber mit Bildern und Rollen wird es leichter.

Epilog: Mathematik in der Grundschule

Ich habe in den vergangenen Jahren viel mit Grundschulkindern gearbeitet und mich dabei gewundert, dass sie grundlegende mathematische Konzepte genauso gut verstehen wie meine Oberstufenschüler. Mir ist aufgefallen, dass ich meinem Jungen (acht Jahre) die Themen der Oberstufe leichter erklären kann als die der Mittelstufe. So ist die Integralrechnung nichts anderes als die Feststellung, dass man z. B. die Fläche eines Kreises im Schulheft durch Abzählen der Kästchen ungefähr ermitteln kann. Je kleiner man die Kästchen wählt, desto genauer wird das Ergebnis. Auch die Idee der Integralrechnung mit Ober- und Untersumme lässt sich erklären. Die im Buch beschriebene Schatzsuche kann man als eine Hinführung zur Vektorrechnung begreifen. Hingegen sind Themen aus der Mittelstufe wie z. B. das Lösen einer (quadratischen) Gleichung nur schwer darzustellen. Etwas frecher lässt sich diese Beobachtung so ausdrücken: In der Grundschule und in der Oberstufe geht es um Mathematik, dazwischen wird gerechnet.

Vielleicht liegt es daran, dass man sich in der Grundschule auf das Wesentliche beschränken muss. Was ist nun das Wesentliche an der Mathematik? Wie erklärt man einem Kind in der ersten Klasse, was Mathematik ist? Möchte man mathematische Denkprozesse in diesem Alter anstoßen, lässt man am besten die Zahlen beiseite. Was bleibt aber, wenn wir der Mathematik die Zahlen nehmen?

Mathematik ist die Lehre von Strukturen. Das ist wirklich das Wesentliche: Mathematik ist reine Form ohne Inhalt. Vielleicht können Sie dem Erstklässler etwas von Symmetrie und Projektion vermitteln. Für mich sind das mit die wichtigsten Dinge in der Mathematik. Und weil Sie schon viel erlebt und nachgedacht haben, verstehen Sie den Gedanken. Der Erstklässler wird unter der »Suche nach Strukturen« etwas anderes verstehen. Mit Argumenten und Erklärungen können wir ihm das Wesen der Mathematik nicht vermitteln. Die Kinder müssen es erst erleben.

Literatur

Beutelspacher, Albrecht: »In Mathe war ich immer schlecht …«: Berichte und Bilder von Mathematik und Mathematikern, Problemen und Witzen, Unendlichkeit und Verständlichkeit, reiner und angewandter, heiterer und ernsterer Mathematik. Vieweg, Braunschweig/Wiesbaden, 3. Auflage 2001.

Beutelspacher, Albrecht: Moderne Verfahren der Kryptographie. Vieweg, Braunschweig/Wiesbaden, 4. Auflage 2001.

Brook, Peter: Der leere Raum. Alexander, Berlin, 8. Auflage 2004.

Dörner, Dietrich: Die Logik des Misslingens. Rowohlt, Reinbek, 13. Auflage 2000.

Elschenbroich, Donata: Weltwissen der Siebenjährigen. Antje Kunstmann, München, 17. Auflage 2003.

Elschenbroich, Donata: Weltwunder: Kinder als Naturforscher. Antje Kunstmann, München, 2. Auflage 2005.

Enzensberger, Hans Magnus: Der Zahlenteufel: Ein Kopfkissenbuch für alle, die Angst vor der Mathematik haben. Carl Hanser, München, 12. Auflage 2005.

Grell, Jochen: Techniken des Lehrerverhaltens. Beltz, Weinheim und Basel, 2. Auflage 2005.

Herrmann, Ulrich: Neurodidaktik: Grundlagen und Vorschläge für gehirngerechtes Lehren und Lernen. Beltz, Weinheim und Basel, 2., erweiterte Auflage 2009.

Johnstone, Keith: Theaterspiele: Spontaneität, Improvisation und Theatersport. Alexander, Berlin, Nachdruck 2009.

Klippert, Heinz: Kommunikationstraining. Beltz, Weinheim und Basel, 12. Auflage 2010.

Klippert, Heinz: Teamentwicklung im Klassenraum. Beltz, Weinheim und Basel, 9. Auflage 2010.

Korczak, Janusz: Kinder achten und lieben. Herder, Freiburg, 2. Auflage 1998.

Kramer, Martin: Lernzirkel in der Box – Mathe aktiv erfassen (Reihe). AOL, Lichtenau, 2007.

Kramer, Martin: Mathe-Dominos. AOL, Lichtenau, 2006.

Kramer, Martin: Mathematik als Abenteuer: Erleben wird zur Grundlage des Unterrichtens. Aulis Deubner, Köln, 2. Auflage 2010.

Kramer, Martin: Schule ist Theater. Schneider-Hohengehren, Baltmannsweiler, 2008.

Peterssen, Wilhelm H.: Kleines Methoden-Lexikon, Oldenbourg Schulbuchverlag, München, 1999.

Plath, Maike: »Spielend« unterrichten und Kommunikation gestalten – Warum jeder Lehrer ein Schauspieler ist. Beltz, Weinheim und Basel, 2010.

Schley, Winfried: Teamkooperation und Teamentwicklung in der Schule. In: Altrichter, Herbert/Schley, Wilfried/Schratz, Michael (Hrsg.): Handbuch zur Schulentwicklung. Studienverlag, Innsbruck und Wien, 1998.

Singh, Simon: Fermats letzter Satz. Hanser, München und Wien, 1998.

Singh, Simon: Geheime Botschaften, Hanser, München und Wien, 2000.

Schulz von Thun, Friedemann: Miteinander reden, Band 3. Rowohlt, Reinbek, Sonderausgabe März 2005.

Wellhöfer, Peter R.: Gruppendynamik und soziales Lernen. Lucius & Lucius, Stuttgart, 2. Auflage 2001.